FUNKELSTEINE 4

für die Ferien

Elisabeth Groihofer-Steidl
Christine Höfer

E. DORNER

Inhaltsverzeichnis

Satzarten

> Je nach Satzart steht das Zeitwort als erstes oder zweites Satzglied.

1 Trage A (Aussagesatz), F (Fragesatz) oder R (Aufforderungs- oder Rufsatz) ein!

Ein Herr spaziert mit einem Pinguin auf dem Arm durch die Stadt. ____

Dame: „Wo haben Sie denn den her?" ____

Herr: „Stellen Sie sich vor, er ist mir einfach zugelaufen! ____
Was soll ich mit ihm machen?" ____

Dame: „Gehen Sie doch mit ihm in den Zoo!" ____

Nach einigen Stunden trifft die Dame wieder auf den Herrn mit dem Pinguin. ____

Dame: „Aber ich habe Ihnen doch gesagt, Sie sollen mit ihm in den Zoo gehen!" ____

Herr: „Da waren wir schon, jetzt gehen wir ins Kino." ____

Alphabetische Ordnung 1

> Ist der erste Buchstabe immer gleich, achte auf den zweiten!

2 Ordne die Wörter mit gleichem Anfangsbuchstaben alphabetisch!

russisch Reden Robben ________________ ?

Wölfe wissen Was ________________ ?

kuscheln Können Krokodile ________________ ?

3 Ordne wie in Übung 2! Bilde so drei Fragesätze!

wohnen Hunger Skunks Würmer Wie Stinktiere Haben Sind Heuschrecken ? ? ?

____

____

____

Namenwörter in der Mehrzahl (Nomen im Plural)

1 Kreuze an, wie die Mehrzahl gebildet wird!

	-e	-en	-er	-n	-nen	-s	Mz=Ez
der Mensch							
der Fehler							
das Auto							
die Lehrerin							
das Kind							
der Tag							
die Glocke							

2 Von welchen dieser Wörter gibt es kein Mehrzahlwort? Kreise sie ein!

Obst Maschine Wal Hotel Durst Glück Technikerin

Großschreibung von Zeitwörtern (Verben)

3 Setze die Wörter aus den Klammern mit Artikel in Großschreibung ein!

________________ eines Helmes ist Pflicht. (tragen)

________________ der Gruppe ist verboten. (verlassen)

________________ von Gurt und Helm ist selbst zu überwachen. (schließen)

________________ ins Boot muss langsam erfolgen. (einsteigen)

________________ ist nur an bestimmten Stellen im Fluss erlaubt. (springen)

________________ der Ausrüstung ist zu vermeiden. (beschädigen)

Passende Zeitwörter (Verben)

1 Um dich herum gibt es viele verschiedene Geräusche.
Schreibe zu jedem Bild das passende Zeitwort!

______________   ______________

______________   ______________

______________   ______________

knurren rascheln zwitschern knarren plätschern knistern

2 Trage die Zeitwörter in die Tabelle ein!

Das kann ich sehen, aber nicht hören.	Das kann ich hören, aber nicht sehen.

flackern knallen rascheln blitzen donnern leuchten

3 Setze Zeitwörter von Übung 2 ein!
Die Buchstaben in den Kästchen ergeben das Lösungswort.

Die Flammen __ __ □(3) __ □(1) __ __ __, die Sterne __ __ __ □(6) □(7) □(4) __ __ .

Die Blätter __ __ □(5) __ __ __ □(2) __ im Wind.

Nach dem Blitz hören wir es __ __ __ __ □(8) __ □(9) .

Lösungswort: __ __ __ __ __ __ __ __ __
1 2 3 4 5 6 7 8 9

Die vier Fälle des männlichen Namenworts (Nomen)

1 Frage nach dem Unterstrichenen!
Kreuze die passende Frage an!

Ich habe mir <u>den Hamster</u> so sehr gewünscht!

<u>Der Hamster</u> gehört mir ganz alleine.

Ich bin die Besitzerin <u>des Hamsters</u>.

Es soll <u>dem Hamster</u> bei mir gut gehen.

Wer? Was?	Wessen?	Wem?	Wen? Was?

2 Trage „Hamster" mit Artikel im angegebenen Fall ein!

Am Tag schläft ______ ____________ (1. Fall).

Aber nachts wird es laut im Käfig ______ ____________ (2. Fall).

Ich schaue ______ ____________ (3. Fall) gern beim Laufen zu.

Ich kann ______ ____________ (4. Fall) in die Hand nehmen.

Wörter mit ss

Der Laut vor ss wird kurz gesprochen.

3 Trage die passenden Buchstabengruppen ein!

Der Schl______el m______ ins Schl______ p______en.

Ich l______e den Hund aus der Sch______el fr______en.

In der T______e ist noch ein b______chen Tee.

Wir w______en seine Adr______e nicht genau.

Sie m______en den S______el abm______en.

Zum Schl______ sind alle Kinder ganz n______.

uss ass oss ass ess uss üss üss ess iss ess ass ess iss ass üss

Mitvergangenheit (Präteritum)

Märchen werden in der Mitvergangenheit aufgeschrieben.

1 Streiche jedes färbige Wort durch!
Ersetze es durch das Wort in der Mitvergangenheit!

Die Stiefmutter hasst ______________ Schneewittchen, weil es so schön ist ______________.

Sie lässt ______________ das Mädchen alleine im Wald zurück.

Schneewittchen findet ______________ eine Bleibe im Haus der sieben Zwerge.

Die Stiefmutter erfährt ______________ das und vergiftet ______________ das Mädchen.

Ein Königssohn sieht ______________ das Mädchen im Sarg liegen.

Seine Diener stolpern ______________. Schneewittchen erwacht ______________.

sah stolperten erfuhr erwachte vergiftete hasste war fand ließ

Mitlauthäufung (Konsonantenhäufung)

2 Schreibe die färbigen Wörter so auf, wie sie im Satz richtig heißen müssen!

Die Aufgabe ist wirklich schmierig. Diese Speise schreckt schmecklich!
Der Mann pfeift den schwimmen Hund zurück.

____

3 Lies den Text! Welcher Buchstabe wird immer falsch ausgesprochen?

Mein Schnüssen steckt nicht im Schnoss. Ich kann ihn neider nicht finden! Das ist schnecht. Schnießnich muss ich ja mein Haus abschnießen können! Doch ich bin schnau. Ich schneppe eine Decke zum Hauseingang und schnafe da. Wie ich so schnummere, schneckt mein Hund einen Schnuck Wasser – da sehe ich den Schnüssen in der Schüssen! Hatte er den Schnüssen verschnuckt?

Antwort: Falsch ausgesprochen wird immer der Buchstabe ______.

4 Wie muss die Mitlauthäufung in Übung 3 richtig heißen? Kreuze an!

☐ SCHM ☐ SCHW ☐ SCHL

Personenbeschreibung

1 Zu jedem Bild passt eine Beschreibung. Verbinde!

Laura hat kurze, blonde Haare und blaue Augen. Auf ihrer Nase sind viele Sommersprossen. Ihre Zähne sind sehr groß. Sie trägt eine rahmenlose Brille.	Lara hat eine große Nase und spitze Zähne. Sie hat große Augen und Schlappohren. Ihr Fell ist kurz und braun. Sie trägt ein buntes Halsband.	Luise hat blonde, lockige Haare. Sie hat ein schmales Gesicht mit einer großen Nase und schmalen Lippen. Ihre Augen sind grün. Sie trägt eine eckige Brille.

2 In jeder Zeile passt ein Eigenschaftswort nicht zum Namenwort. Streiche es durch!

Gesicht:	oval – blass – lockig – eckig – zart
Figur:	mollig – dünn – sportlich – blond – groß
Mund:	schmal – schulterlang – rund – breit – klein
Kleidung:	bequem – bunt – geflochten – hell – elegant

Welches Namenwort fällt dir zu den durchgestrichenen Eigenschaftswörtern ein? ____________

3 Welche Eigenschaften sind gemeint?
Trage in jeder Zeile ein passendes Eigenschaftswort ein!

Lukas lässt sich von anderen viel gefallen. Er ist ____________.

Meine Freundin hält immer zu mir. Sie ist ____________.

Paul ist nie zur vereinbarten Zeit da. Er ist ____________.

Meine Katze läuft vor Fremden immer davon. Sie ist ____________.

Anna verbringt ihre Zeit gerne mit anderen. Sie ist ____________.

unpünktlich   gesellig   ängstlich   gutmütig   treu

Eigenschaftswörter (Adjektive) mit Nachsilben

1 Bilde Eigenschaftswörter mit den Endungen -ig, -lich oder -isch!

der Sturm – ______________________ der Freund – ______________________

der Fleiß – ______________________ die Schrift – ______________________

das Spiel – ______________________ der Mut – ______________________

der Witz – ______________________ das Glück – ______________________

2 Löse das Rätsel mit Wörtern von Übung 1! Schreibe in Großbuchstaben!

nicht mündlich											
froh											
unerschrocken											
lustig											
liebenswürdig											

Anredefürwörter (Anredepronomen)

Sie, Ihr, Ihnen … ist die höfliche Anrede für Erwachsene.

3 Setze die passenden Wörter ein!

Liebe Frau Bürgermeisterin!

Wir Kinder der 4b-Klasse möchten ____________ ein Problem schildern.

Wie ____________ ja selbst wissen, fahren die Autos vor unserer Schule viel zu schnell.

Wir bitten ________ um Unterstützung für die Errichtung einer 30-km/h-Zone.

Bitte besprechen ________ das mit ____________ Kolleginnen und Kollegen im Gemeinderat.

Mit Dank und freundlichen Grüßen

____________ 4b

Ihren Ihre Ihnen Sie Sie Sie

Die vier Fälle des weiblichen Namenworts (Nomen)

1 Frage nach dem Unterstrichenen!
Kreuze die passende Frage an!

Blau ist die Hauptfarbe der Jacke.

Die Jacke hängt im Schaufenster.

Meine Hose passt gut zu der Jacke.

Ich probiere die Jacke an.

Wer? Was?	Wessen?	Wem?	Wen? Was?

2 Trage „Jacke" mit Artikel im angegebenen Fall ein!

Mir gefällt ______ ____________________ (1. Fall) sehr.

Aber der Preis ______ ____________________ (2. Fall) ist hoch.

Zu ______ ____________________ (3. Fall) passen alle meine Hosen.

Juhu, Oma kauft mir ______ ____________________ (4. Fall)!

Wörter mit ck

Der Laut vor ck wird kurz gesprochen.

3 Male immer zwei Reimwörter in der gleichen Farbe an!

blicken | schmecken | trocken | Packerl | Brücke

Socken | Mücke | schicken | Schnecken | Sackerl

4 Ergänze mit Reimwörtern von Übung 3!

Meine ____________________ sind schon ____________________!

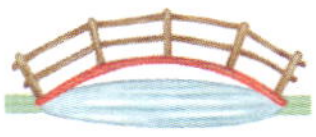

Über die ____________________ fliegt eine ____________________.

Das ____________________ liegt im ____________________.

____________________ können Igeln ____________________.

Wortgruppen

1 Es gibt verschiedene Lieblingsplätze. Schreibe zu jedem Namenwort das passende Eigenschaftswort dazu!

ein		Balkon
eine		Wiese
eine		Höhle
ein		Zimmer

grüne gemütliches sonniger dunkle

2 In jeder Zeile passt nur ein Eigenschaftswort. Kreise es ein!

das liebe / blaue / eckige Meer
der heiße / grüne / traurige Sand
die laute / bequeme / eifrige Badehose
das steinige / köstliche / schwache Vanilleeis
der süße / hohe / ruhige Himbeersaft
die rutschige / große / bissige Badetasche

3 Jedes Eigenschaftswort passt zu einem Namenwort. Bilde Wortgruppen mit unbestimmtem Artikel!

freundlicher laute saftige buntes spannendes

Buch Mann Melone Stimme T-Shirt

Kannst du die Scherzfragen beantworten?

Welcher Schirm leuchtet?

der L _ _ p _ _ s _ _ _ _ m

Welcher Hund bekommt nie einen Knochen?

der S _ e _ _ _ _

Wie sprechen Griechen am Wochenende über das Wetter?

G _ _ _ _ _ _ _ _ h

Lösung: Lampenschirm, Seehund, Griechisch

Findest du den Weg zum Schatz?

Kannst du finnische Zungenbrecher sprechen?

Enenenen, en enenene.
Katso kastuiko kaktus.
Kokoo kokoon koko kokko! Koko kokkoko? Koko kokko.
Mamma, pakka pappa kapsäkk!
Minun oma nimeni on nimenoma Niinimaa.
Mustan kissan paksut posket.

Subjekt (Satzgegenstand)

Wer? Was?

1 Unterstreiche in jedem Satz das Subjekt blau!

So geht das Zitronenrennen:
Alle bekommen einen Pappteller mit einer Zitrone darauf.
Die Hand muss den Teller ganz ruhig halten.
Die Kinder laufen nun um die Wette.
Dabei darf die Zitrone nicht auf den Boden fallen.
Leo verliert seine Zitrone gleich zu Beginn.
Schnell läuft er zurück zum Start.

Alphabetische Ordnung 2

Sind die ersten paar Buchstaben gleich, ordne nach dem ersten neuen!

2 Ordne die Wörter mit gleichem Anfangsbuchstaben alphabetisch! Schreibe die Sätze in Schreibschrift!

MASKEN LESEN MALT BEA LERNT LEO BEKOMMT BESUCH MAJA

3 Nummeriere in jeder Zeile alphabetisch von eins bis sieben!

☐ sogar ☐ sowie ☐ sobald ☐ sollen ☐ soviel ☐ sondern ☐ sofort

☐ rein ☐ Reiz ☐ reif ☐ reich ☐ Reis ☐ reiben ☐ Reihe

Die vier Fälle des sächlichen Namenworts (Nomen)

1 Frage nach dem Unterstrichenen!
Kreuze die passende Frage an!

Das Model trägt einen Hut.

Das Publikum applaudiert dem Model.

Viele Menschen fotografieren das Model.

Die Eltern des Models sind auch da.

Wer? Was?	Wessen?	Wem?	Wen? Was?

2 Trage „Model" mit Artikel im angegebenen Fall ein!

Nina will so aussehen wie ______ ____________ (1. Fall).

Mama sagt, der Beruf ______ ____________ (2. Fall) ist nicht schön.

Sie meint, ______ ____________ (3. Fall) bleibt kaum Freizeit.

Nina will ______ ____________ (4. Fall) kennenlernen.

Wörter mit tz

Der Laut vor tz wird kurz gesprochen.

3 Trage die einzelnen Wörter ein!

trotzdemwitzigPlatzplötzlichKätzchenjetztnützenSchutz

atz: ____________ ätz: ____________ etz: ____________ itz: ____________

otz: ____________ ötz: ____________ utz: ____________ ütz: ____________

4 Schreibe die Wörter richtig auf!

EZTAK	LEZTINHCS	ZTUHCS	ZTAS	ZTUMHCS
______	______	______	______	______

Vorsilben

1 Schreibe zu jedem Bild das passende Zeitwort!

→ ____________________

____________________ ←

stellen

→ ____________________

____________________ ←

bestellen	anstellen	vorstellen	zustellen

2 Manche Zeitwörter haben zwei ganz unterschiedliche Bedeutungen.
Trage zu jeder Gruppe das passende Zeitwort ein!

- eine große Menge verspeisen/
  sich heimlich entfernen: ____________________
- sich über jemanden lustig machen/
  das Lenkrad plötzlich drehen: ____________________
- eine Tube oder Zitrone zusammenpressen/
  anderen etwas mitteilen: ____________________
- eine Tür öffnet sich/
  die Sonne erscheint am Morgen: ____________________

ausdrücken	aufgehen	verreißen	(sich) verdrücken

3 Verbinde jeden Satzteil mit dem passenden Zeitwort!

Es ist heiß. Das Eis wird gleich ...	... vergehen?
Der Film ist toll. Lass ihn dir nicht ...	... zergehen.
Warum müssen die Ferien immer so schnell ...	... vorgehen?
Ich sehe nichts. Kannst du bitte ...	... abgehen.
Unsere Klasse wird mir nächstes Jahr ...	... entgehen.

Persönliche Fürwörter (Personalpronomen)

Fürwörter ersetzen Namenwörter.

1 Verbinde jeden Satzanfang mit dem passenden Fürwort!

Du und dein Bruder …	Wir …	Hallo Marie …	Sie …
Meine Tante …	Er …	Das Kind meiner Tante …	Ich …
Omas Freund …	Ihr …	Oma und ihre Schwester …	Es …
Meine Familie und ich …	Sie …	Meine eigene Person …	Du …

2 Ergänze mit persönlichen Fürwörtern!

Packt eure Rucksäcke! ____________ machen eine Bergtour.

____________ müsst gute Wanderschuhe tragen.

____________ gehst bitte als Erste. ____________ gehe am Ende der Gruppe.

Wörter mit h

Der Laut vor dem stummen h wird lang gesprochen.

3 Fülle das „Bild" mit den 22 Wörtern aus dem Rahmen!
Du kannst kreuz und quer schreiben.

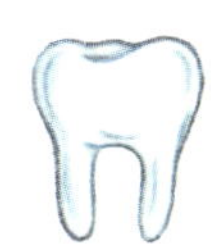

ähnlichausnahmsweiseBahnBefehlBenehmenehrlichfehlen

fröhlichGefahrihmihn

ihnenihrkühlmehrerenehmenohnewohlungefährWahrheit

WohnungzählenZahn

Prädikat (Satzaussage)

Was geschieht?
Was tut … ?
Was tun … ?

1 Unterstreiche in jedem Satz das Prädikat rot!

So geht das Bewegungsspiel:
Ein Kind macht eine Bewegung.
Das nächste Kind wiederholt diese Bewegung.
Es erfindet dazu noch eine weitere Bewegung.
Jedes weitere Kind zeigt alle Bewegungen und eine neue dazu.
Wer vergisst etwas?
Dieses Kind verliert.

Eigenschaftswörter (Adjektive) nach alles, nichts, etwas, viel

2 Ergänze mit den Wörtern aus dem Rahmen!

Frau Schleck isst gerne ________ ________.

Sie isst sogar sehr ________ ________.

Der Arzt sagt, sie darf gar ________ ________ mehr essen.

„Was? Ich soll jetzt auf ________ ________ verzichten?"

etwas Süßes   alles Süße   viel Süßes   nichts Süßes

3 Trage die Wörter aus den Klammern in Schreibschrift ein!

Diese Mitteilung enthält ________________ (ETWAS WICHTIGES).

Hier bei uns gibt es ________________ (NICHTS NEUES).

Im Urlaub erlebte Oma ________________ (VIEL SCHÖNES).

Wir wünschen dem Jubilar ________________ (ALLES GUTE).

Wortfeld „sagen"

1 Welches Wort passt statt „sagen"? Schreibe zu jedem Bild das passende Zeitwort!

__________ __________ __________ __________

tuscheln vorschlagen befehlen flüstern

2 Setze immer ein passendes Zeitwort von Übung 1 ein!
Achte auf die richtige Personalform!

„Pst! Wir dürfen das Baby nicht aufwecken!", __________ Lina.

„Wie wär´s mit einem Eis?", __________ David __________.

Eli und Alex __________: „Die Neue ist echt komisch."

Paul __________ seinem Bruder: „Gib den Ball sofort her!"

3 Löse das Rätsel mit den Wörtern aus dem Rahmen!

um etwas bitten ... _ _ _(1) _ _ _ _ _

sehr laut reden ... _ _ _ _ _ _ _ _(5)

jemanden wütend anreden ... _ _ _ _ _ _ _ _(4) _

etwas wollen ... _ _ _ _ _ _ _(3) _ _

auf eine Frage etwas erwidern ... _(2) _ _ _ _ _ _ _ _

ersuchen schimpfen verlangen schreien antworten

Lösungswort: _ _ _ _ _
1 2 3 4 5

Eigenschaftswörter (Adjektive) und ihre Vergleichsformen

Grundstufe – Mehrstufe – Meiststufe

1 Ergänze die Tabelle!

	stärker	
		am hellsten
warm		

2 Schreibe drei Sätze mit dem Eigenschaftswort in der Meiststufe!

Giraffe/hoch   Blauwal/groß   Elefant/schwer

....

....

....

Wörter mit der Nachsilbe -ieren

Achte auf ie!

3 Ergänze den Text mit Zeitwörtern aus dem Rahmen! Drei davon bleiben übrig.

Wir möchten Sie darüber i.................................,
dass wir uns für Ihr Auto i.................................
Natürlich muss alles f.................................
Es darf nichts p.................................
Wir werden alles k.................................
Lassen Sie uns später t.................................!

inform   pass
spaz   funktion
interess
-ieren
not   rad
kontroll
telefon

4 Ergänze den Satz mit den übriggebliebenen Wörtern von Übung 3!

Ein Spaziergänger geht s................................., mit einem Radiergummi kann ich ...., eine Notiz kann ich mir n.................................

Vergangenheit (Perfekt) und Mitvergangenheit (Präteritum)

1 Lies die Sätze in der Vergangenheitsform! In dieser Übung musst du nichts schreiben.

Wir ____________ auf der Fahrt in den Urlaub. (sind … gewesen)

Leider ____________ mein Vater ein Stoppschild. (hat … übersehen)

Er ____________ einfach in die Kreuzung. (ist … gefahren)

Ein anderer Lenker ____________ nicht mehr bremsen. (hat … können)

Sein Auto ____________ unser Auto. (hat … beschädigt)

Alle Personen ____________ unverletzt. (sind … geblieben)

Unser Auto aber ____________ völlig kaputt. (ist … gewesen)

2 Setze in den Text von Übung 1 die Wörter in der Mitvergangenheit ein!

konnte beschädigte waren war blieben übersah fuhr

Satzzeichen bei der wörtlichen Rede

3 Trage die fehlenden Doppelpunkte und Redezeichen ein!

Ein Herr kommt auf das Standesamt und sagt
Guten Tag, ich ersuche um eine Namensänderung!
Die Beamtin fragt *Wie heißen Sie?*
Der Herr antwortet *Mein Familienname ist Knallts.*
Darauf meint die Beamtin verwundert *Das ist doch ein ganz normaler Name!*
Der Herr entgegnet *Das schon. Aber jedes Mal, wenn ich mich am Telefon mit ‚Hier Knallts!' melde, kommt die Polizei!*

4 Arbeite wie in Übung 3!

Der Flugbegleiter verteilt im Flugzeug Kaugummis und sagt *Der ist gut für die Ohren!*
Nach einigen Stunden winkt ihn eine alte Dame zu sich und beschwert sich
Jetzt sagen Sie mir bitte, wie ich den wieder aus den Ohren bekomme!

Zeitwörter mit -ieren

1 Was tun die Personen? Schreibe zu jedem Bild das passende Zeitwort!

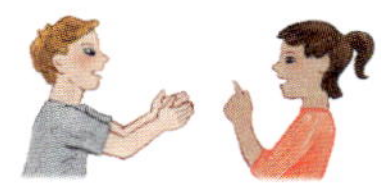

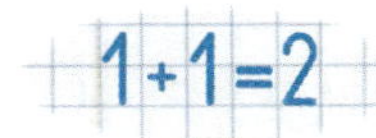

diskutieren sortieren telefonieren fotografieren addieren trainieren

2 Vervollständige die Sätze mit den Zeitwörtern von Übung 1! Beachte die richtige Form!

Nach dem Kinobesuch ______ wir über den Film.

Onkel Emil ______ am liebsten Landschaften.

Die Mannschaft muss fast täglich ______.

Die Verkäuferin ______ die T-Shirts nach ihrer Farbe.

Elena ______ eine ganze Stunde mit ihrer spanischen Freundin.

Kannst du bitte alle Zahlen ______?

3 Verbinde jedes Zeitwort mit dem passenden Fremdwort!

überprüfen ○	○ dividieren
teilen ○	○ diskutieren
verbessern ○	○ kontrollieren
die Meinung austauschen ○	○ passieren
vervielfältigen ○	○ korrigieren
geschehen ○	○ trainieren
üben ○	○ kopieren

Kannst du die Scherzfragen beantworten?

An welchem Ort ist immer etwas passiert? Am T _ _ o _ _

Was stellt man sich unter einer Brücke vor? W _ s _ _ r normalerweise.

Was ist, wenn ein Rauchfangkehrer in den Schnee fällt? W i _ _ _ r

Lösung: Tatort, Wasser, Winter

Welches Zeichen hat keinen Partner?

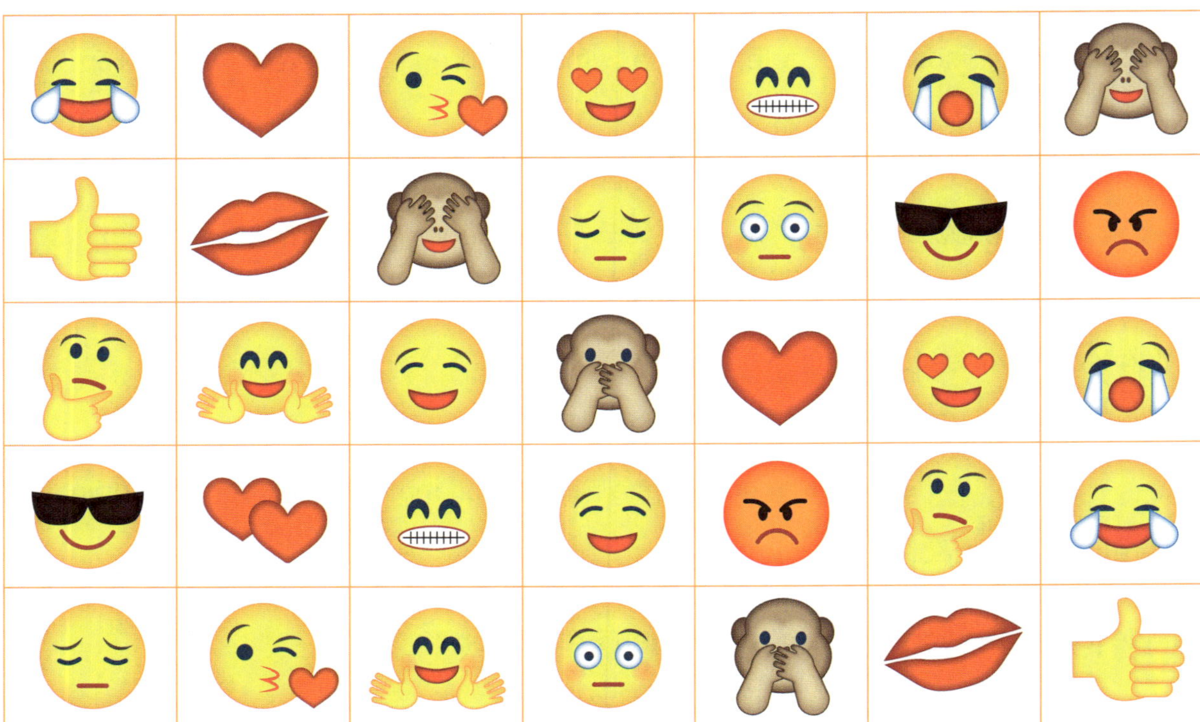

Kannst du diesen Text lesen?

Enie Sdutie eneir egnlisehcn Unverisätit zegit, dsas es eagl ist, in wehcler Riehnefogle die Bcuhstbaen in eniem Wort sethen. Wcihitg ist nur, dsas der esrte und ltetze Bcuhtsbae sitmemn. Der Rset knan taloter Böldsnin sien. Das fnukitoinert dseahlb, weil wir biem Leesn nicht die eiznlenen Bcuhtsaebn lseen, snodren imemr das gnaze Wort bertacthen.

Zweiteiliges Prädikat (Satzaussage)

1 Unterstreiche in jedem Satz das zweiteilige Prädikat rot!

Auch in den Ferien soll ich jeden Abend lesen.
Ich ziehe also meinen Pyjama an.
Dann setze ich mich bequem im Stockbett hin.
Sofort schlage ich mein Witzebuch auf.
Ich schalte die Taschenlampe ein.
Jetzt lese ich meinem Bruder vor.
Werden ihm die Witze gefallen?
Hört er mir überhaupt zu?
Ich schaue mit der Taschenlampe nach.
Er kann mich gar nicht hören! Er ist schon eingeschlafen!

ss oder ß?

Denke an den Laut vor ss oder ß! Kurz oder lang?

2 Kreuze an, warum das fett gedruckte Wort richtig geschrieben ist! Nur eine Antwort ist richtig.

Du **musst** den Hund frisieren.
Das Wort ist richtig geschrieben, weil …

- ○ … nach u immer ss kommt.
- ○ … das m so schön geschrieben ist.
- ○ … der Laut vor ss kurz gesprochen wird.

Mein Cousin **heißt** Nepomuk.
Das Wort ist richtig geschrieben, weil …

- ○ … ß der interessantere Buchstabe ist.
- ○ … vor ß ein Zwielaut (ei) steht.
- ○ … ß besonders gut zu t passt.

Der Affe hat eine **große** Banane.
Das Wort ist richtig geschrieben, weil …

- ○ … der Laut vor ß lang gesprochen wird.
- ○ … der vierte Buchstabe immer ß ist.
- ○ … in Wörtern mit g nie ein s steht.

Wer **isst** gerne Pizza?
Das Wort ist richtig geschrieben, weil …

- ○ … in Fragesätzen immer ss steht.
- ○ … der Laut vor ss kurz gesprochen wird.
- ○ … ich mir nichts anderes vorstellen kann.

Die vier Fälle der Namenwörter (Nomen) in der Mehrzahl (Plural)

Wer?/Was?
Wessen? Wem?
Wen?/Was?

1 Fülle die Tabelle aus!

1. F. Wer? Was?	die Augen	die Mäuse	die Lehrer
2. F. Wessen?			
3. F. Wem?			
4. F. Wen? Was?			

2 Trage „Mäuse" mit Artikel im angegebenen Fall ein!

Der Käfig ______ ______________ (2. F.) ist groß.

______ ______________ (1. F.) laufen gerne in ihrem Laufrad.

David hat ______ ______________ (3. F.) sogar ein Häuschen aus Holz gebastelt.

Er schaut ______ ______________ (4. F.) gerne an.

Wörterbuch-Übungen 1

Im Wörterbuch stehen alle Wörter in der Grundform. Beim Zeitwort heißt sie auch Nennform (Infinitiv).

3 Verbinde jedes Wort aus dem oberen Rahmen mit dem passenden Wort in der Grundform!

größte besser schönere gesessen
Sträucher gab Museen lief Hauses

laufen Museum groß gut Haus
Strauch schön geben sitzen

Berufsbeschreibungen

1 Zu jedem Beruf passen zwei Wortgruppen. Trage sie ein!

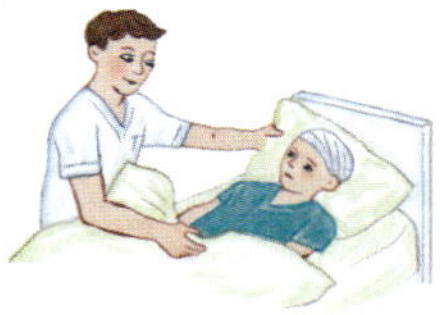

gute Computerkenntnisse   etwas verkaufen   mutig sein   Menschen pflegen
viel sitzen   etwas herstellen   Fieber messen   Helm tragen

2 Kannst du die Berufe erraten? Wähle die zwei richtigen Antworten aus dem Rahmen!

Zu mir kommen die Menschen meistens gerne, denn ich sorge dafür, dass sie gepflegt aussehen. Ich stehe fast den ganzen Tag im Geschäft und muss handwerklich geschickt sein. Meine wichtigsten Werkzeuge sind Schere, Kamm und Föhn.
Ich bin ______________________.

Zu mir kommen die Menschen meistens gar nicht gerne, obwohl ich mich um ihre Gesundheit kümmere. Für meinen Beruf habe ich einige Jahre auf der Universität studiert. Ich muss sehr genau arbeiten und besonders auf Sauberkeit achten.
Zu meinen wichtigsten Werkzeugen gehören Bohrer, Mundspiegel und Spritzen.
Ich bin ______________________.

Tierarzt   Lehrerin   Zahnärztin   Schneider   Frisör

3 Welche Berufe sind vor allem im Sommer wichtig? Die Anfangsbuchstaben dieser Namen ergeben der Reihe nach gelesen das Lösungswort.

Eisverkäuferin   Anwältin   Tierpfleger   Bademeister
Polizistin   Bootsvermieter   Sängerin   Erdbeerpflücker

Lösungswort: __ __ __ __

Sätze und Satzglieder

1 Stelle die Satzglieder jeder Reihe zweimal um!

eine Wahl | unsere Klasse | veranstaltet | im Oktober

die neue Klassensprecherin | ist | Marie | am Ende

Wörter mit i

Bei bestimmten Wörtern sprichst du ein einfaches i lang.

2 Schreibe unter jedes fehlerhafte Wort das Wort mit einem lang gesprochenen i!

Maschne	Rosne	Krokodl	Fbel
Musk	Kusne	Automobl	Bbel

3 Hier sind vier Wörter verkehrt aufgeschrieben. Schreibe den Satz richtig auf!

Meine enisuK enibaS isst mit rim neniradnaM.

Artikel und Geschlecht

1 Kreuze das Geschlecht an! Trage die Artikel ein!

Wort	männl.	weibl.	sächl.
Abend			
Bett			
Computer			
Decke			
Erlebnis			
Fabrik			

best. Artikel	unbest. Artikel

Schwierige Wörter

2 In jeder Zeile kommt ein bestimmter Rechtschreib-Schwerpunkt mehrmals vor. Trage in den Rahmen daneben ein, worum es geht!

Komm schnell! Wer will denn immer alleine sein? [ ]

Die Lehrerin steht da und fragt sehr laut, wer fehlt. [ ]

Draußen duftet ein großer, weißer Strauß. [ ]

Nächstes Mal lässt du die Mädchen mit den Rädern in Ruhe! [ ]

Dieses schwierige Spiel mag niemand verlieren. [ ]

Mein Vater verbietet mir, dass ich meine vier Vögel verkaufe. [ ]

Plötzlich war die Katze nicht mehr auf ihrem Platz. [ ]

mm, ll, nn | tz | V/v | ß | ä | h | ie

Satzanfänge

1 Ordne die Ausdrücke aus dem Rahmen nach ihrer zeitlichen Reihenfolge!
Zu jedem Abschnitt passen vier Ausdrücke.

Einleitung: ______________________________

____

Handlungsablauf: ______________________________

____

Ende der Geschichte: ______________________________

____

Mittlerweile	Einmal	Am Ende	Schließlich	Zu Beginn	Plötzlich
Vor einiger Zeit	Zuletzt	Dann	Zuerst	Anschließend	Zum Schluss

2 Eigenschaftswörter am Satzanfang können eine Geschichte interessanter machen.
Setze ein!

______________ schleuderte Max das Buch ins Eck.

______________ begrüßte Emma ihre Tante aus Italien.

______________ rannte Tobias zur Busstation.

______________ warteten die Kinder auf die Überraschung.

______________ betrat Stefan die Hängebrücke.

______________ nahm Lea ihre Goldmedaille entgegen.

Stolz	Freudig	Wütend	Neugierig	Schnell	Vorsichtig

3 In jeder Reihe passt ein Wort nicht zu den anderen. Streiche es durch!

zuerst – am Beginn – schließlich
rasch – vorsichtig – eilig
plötzlich – erleichtert – auf einmal
mittlerweile – inzwischen – anfangs
gleich – am Ende – zuletzt

Zeitformen 1

Zeitwörter verändern sich mit der Zeitform.

1 Ergänze die Tabelle!

		Vergangenheit	Mitvergangenheit	Zukunft
liegen	Ich …			
	Es …			
sitzen	Ich …			
	Es …			
essen	Ich …			
	Es …			
trinken	Ich …			
	Es …			

Trennung nach Sprechsilben

Beim Trennen bleiben ch, ck und sch beisammen.

2 Trenne jedes Spaßwort durch einen Strich nach Sprechsilben!

suckern	schischen	horcken	drüschen
mechen	micken	spuchen	wacken

3 Vertausche in jedem Rahmen von Übung 2 die zweiten Silben!
Nun kannst du immer zwei richtige Wörter aufschreiben.

Ergänzung im 3. Fall (Dativobjekt)

Wem?

1 Unterstreiche in jedem Satz die Ergänzung im 3. Fall! Schreibe E3 darüber!

Das Publikum spendet dem Popstar begeisterten Applaus.

Viele Fans werfen ihm Blumen zu.

Die ganze Band gratuliert ihrem Mitglied.

2 Ersetze in den Sätzen von Übung 1 immer E3 durch „mir"! Schon bist du ein Star!

____

____

____

____

Doppelselbstlaute (Doppelvokale)

3 Trage „Paar" oder „paar" ein!

Ein junges ___________ fährt zum ersten Mal mit seinem Baby für ein ___________ Tage weg. Da gibt es ein ___________ wichtige Sachen einzupacken. Die junge Mutter meint: „Wir brauchen unbedingt ein ___________ Schnuller, falls einer verlorengeht. Natürlich auch mehrere ___________ Söckchen, denn die strampelt sich unser Baby so gern von den Füßchen. Ein ___________ winzige Schwimmflügel müssen auch mit, falls wir ins Hallenbad gehen. Zum Schluss noch ein ___________ Windelpackungen, dann kann es schon losgehen!"

4 Welches Wort hat kein Reimwort? Streiche es durch!

Haar Staat Fee Saal Boot Aal Paar Saat See

Liebe Eltern!

Willkommen bei FUNKELSTEINE 4 für die Ferien!

Mit diesem Heft kann Ihr Kind in kurzer Zeit ...

- ✔ das in der 4. Klasse im Fach Deutsch, Lesen, Schreiben Erlernte wiederholen.
- ✔ auf abwechslungsreiche und spielerische Art üben.
- ✔ sich lehrplankonform für das nächste Schuljahr vorbereiten.
- ✔ selbstständiges Arbeiten in überschaubaren Übungseinheiten trainieren.

Ihr Kind arbeitet ...

- ✔ durch Kapitelsymbole begleitet.
- ✔ in beliebiger Reihenfolge direkt im Buch.
- ✔ in jedem Kapitel mit Übungen zu Sprachbetrachtung, Rechtschreiben und Wortschatz-Erweiterung.
- ✔ auf selbstgewählte Ferientage verteilt oder gezielt in den letzten zwei bis drei Ferienwochen.
- ✔ höchstens eine halbe Stunde pro Ferientag.
- ✔ in einer ruhigen, hellen, geordneten und kindgerechten Arbeitsumgebung.

Wenn ein Übungskapitel fertig bearbeitet ist, kann Ihr Kind ...

- ✔ den jeweiligen Selbst-Check am Beginn des Buches ausfüllen.
- ✔ zwischendurch Übungen auf den Rätsel-Seiten machen.
- ✔ seine Arbeit mit dem herausgetrennten Lösungsteil kontrollieren.

Sie unterstützen Ihr Kind durch Ermutigung, ...

- ✔ im eigenen Tempo zu arbeiten.
- ✔ die Übungseinheiten selbst auszuwählen.
- ✔ zu fragen oder andere Hilfen zu benützen.
- ✔ sich mit dem Selbst-Check selbst einzuschätzen.
- ✔ mit dem heraustrennbaren Lösungsteil selbst zu kontrollieren.

Loben Sie Ihr Kind für all seine Anstrengungen und genießen Sie gemeinsam den Sommer!

Christine Höfer & Elisabeth Groihofer-Steidl

Lösungen

S. 3/1: A, F, R, F, R, A, R, A
S. 3/2: Reden Robben russisch? Was wissen Wölfe?
Können Krokodile kuscheln?
S. 3/3: Haben Heuschrecken Hunger? Sind Skunks Stinktiere?
Wie wohnen Würmer?
S. 4/1:

	-e	-en	-er	-n	-nen	-s	Mz = Ez
der Mensch		x					
der Fehler							x
das Auto						x	
die Lehrerin					x		
das Kind			x				
der Tag	x						
die Glocke				x			

S. 4/2: Obst, Durst, Glück
S. 4/3: Das Tragen … Das Verlassen … Das Schließen …
Das Einsteigen … Das Springen … Das Beschädigen …
S. 5/1: Feuer: knistern, Vogel: zwitschern, Blätter: rascheln,
Hund: knurren, Bach: plätschern, Tür: knarren
S. 5/2: Das kann ich sehen: flackern, blitzen, leuchten;
Das kann ich hören: knallen, rascheln, donnern
S. 5/3: flackern, leuchten, rascheln, donnern;
Lösungswort: KLATSCHEN
S. 6/1: Wen? Was?; Wer? Was?; Wessen?; Wem?
S. 6/2: der Hamster, des Hamsters, dem Hamster, den Hamster
S. 6/3: Der Schlüssel muss ins Schloss passen.
Ich lasse den Hund aus der Schüssel fressen.
In der Tasse ist noch ein bisschen Tee.
Wir wissen seine Adresse nicht genau.
Sie müssen den Sessel abmessen.
Zum Schluss sind alle Kinder ganz nass.
S. 7/1: hasste, war, ließ, fand, erfuhr, vergiftete, sah, stolperten, erwachte
S. 7/2: schwierig, schmeckt schrecklich, schlimmen
S. 7/3: Falsch ausgesprochen wird immer der Buchstabe l.
S. 7/4: Die Mitlauthäufung muss SCHL heißen.
S. 8/1: 1. Bild: Luise, 2. Bild: Laura, 3. Bild: Lara
S. 8/2: Gesicht: lockig, Figur: blond, Mund: schulterlang,
Kleidung: geflochten. HAARE
S. 8/3: gutmütig; treu; unpünktlich; ängstlich; gesellig
S. 9/1: stürmisch, fleißig, spielerisch, witzig, freundlich, schriftlich, mutig, glücklich
S. 9/2: Lösungswort: HÜTTE
S. 9/3: Ihnen, Sie, Sie, Sie, Ihren, Ihre
S. 10/1: Wessen?; Wer? Was?; Wem?; Wen? Was?
S. 10/2: die Jacke, der Jacke, der Jacke, die Jacke
S. 10/3: blicken – schicken, schmecken – Schnecken,
trocken – Socken, Packerl – Sackerl, Brücke – Mücke
S. 10/3: Meine Socken sind schon trocken!
Über die Brücke fliegt eine Mücke.
Das Packerl liegt im Sackerl.
Schnecken können Igeln schmecken.
S. 11/1: ein sonniger Balkon, eine grüne Wiese, eine dunkle Höhle,
ein gemütliches Zimmer
S. 11/2: blaue; heiße; bequeme; köstliche; süße; große
S. 11/3: ein freundlicher Mann, eine laute Stimme, eine saftige Melone,
ein buntes T-Shirt, ein spannendes Buch
S. 13/1: So geht das Zitronenrennen:
Alle bekommen einen Pappteller mit einer Zitrone darauf.
Die Hand muss den Teller ganz ruhig halten.
Die Kinder laufen nun um die Wette.
Dabei darf die Zitrone nicht auf den Boden fallen.
Leo verliert seine Zitrone gleich zu Beginn.
Schnell läuft er zurück zum Start.
S. 13/2: Bea bekommt Besuch. Leo lernt lesen. Maja malt Masken.
S. 13/3: 3-7-1-4-6-5-2; 5-7-3-2-6-1-4
S. 14/1: Wer? Was?; Wem?; Wen? Was?; Wessen
S. 14/2: das Model, des Models, dem Model, das Model
S. 14/3: **tz**dem / wi**tz**ig / Pla**tz** / plö**tz**lich /
Kä**tz**chen / je**tz**t / nü**tz**en / Schu**tz**
S. 14/4: Katze, Schnitzel, Schutz, Satz, Schmutz
S. 15/1: vorstellen, anstellen, bestellen, zustellen
S. 15/2: (sich) verdrücken, verreißen, ausdrücken, aufgehen
S. 15/3: zergehen; entgehen; vergehen; vorgehen; abgehen
S. 16/1: Du und dein Bruder – Ihr …; Meine Tante – Sie …;
Omas Freund – Er …; Meine Familie und ich – Wir …;
Hallo Marie – Du …; Das Kind meiner Tante – Es …;
Oma und ihre Schwester – Sie …; Meine eigene Person – Ich …
S. 16/2: Wir machen eine Bergtour. Ihr müsst gute Wanderschuhe tragen.
Du gehst bitte als Erste. Ich gehe am Ende der Gruppe.
S. 17/1: So geht das Bewegungsspiel:
Ein Kind macht eine Bewegung.
Das nächste Kind wiederholt diese Bewegung.
Es erfindet dazu noch eine weitere Bewegung.
Jedes weitere Kind zeigt alle Bewegungen und eine neue dazu.
Wer vergisst etwas? Dieses Kind verliert.
S. 17/2: etwas Süßes; viel Süßes; nichts Süßes; alles Süße
S. 17/3: etwas Wichtiges; nichts Neues; viel Schönes; alles Gute
S. 18/1: flüstern, tuscheln, befehlen, vorschlagen
S. 18/2: flüstert; schlägt ... vor; tuscheln; befiehlt
S. 18/3: ersuchen; schreien, schimpfen, verlangen, antworten;
Lösungswort: SAGEN
S. 19/1: stark – stärker – am stärksten; hell – heller – am hellsten;
warm – wärmer – am wärmsten
S. 19/2: Zum Beispiel: Diese Giraffe erreicht die höchsten Blätter.
Der Blauwal ist das größte Säugetier.
Der Elefant ist das schwerste Tier in unserem Zoo.
S. 19/3: informieren, interessieren, funktionieren, passieren,
kontrollieren, telefonieren
S. 19/4: spazieren, radieren, notieren
S. 20/2: waren, übersah, fuhr, konnte, beschädigte, blieben, war
S. 20/3: Ein Herr kommt auf das Standesamt und sagt:
„Guten Tag, ich ersuche um eine Namensänderung!"
Die Beamtin fragt: *„Wie heißen Sie?"*
Der Herr antwortet: *„Mein Familienname ist Knallts."*
Darauf meint die Beamtin verwundert: *„Das ist doch ein ganz normaler Name!"*
Der Herr entgegnet: *„Das schon. Aber jedes Mal, wenn ich mich am Telefon mit ‚Hier Knallts!' melde, kommt die Polizei!"*
S. 20/4: Der Flugbegleiter verteilt im Flugzeug Kaugummis und sagt:
„Der ist gut für die Ohren!"
Nach einigen Stunden winkt ihn eine alte Dame zu sich und beschwert sich: *„Jetzt sagen Sie mir bitte, wie ich den wieder aus den Ohren bekomme!"*
S. 21/1: 1. Zeile: fotografieren, diskutieren, addieren, trainieren, sortieren, telefonieren
S. 21/2: diskutieren; fotografiert; trainieren; sortiert; telefoniert; addieren
S. 21/3: überprüfen – kontrollieren, teilen – dividieren,
verbessern – korrigieren, die Meinung austauschen – diskutieren;
vervielfältigen – kopieren; geschehen – passieren; üben – trainieren
S. 23/1: Auch in den Ferien soll ich jeden Abend lesen.
Ich ziehe also meinen Pyjama an.
Dann setze ich mich bequem im Stockbett hin.
Sofort schlage ich mein Witzebuch auf.
Ich schalte die Taschenlampe ein.
Jetzt lese ich meinem Bruder vor.
Werden ihm die Witze gefallen?
Hört er mir überhaupt zu?
Ich schaue mit der Taschenlampe nach.
Er kann mich gar nicht hören! Er ist schon eingeschlafen!
S. 23/2: **musst:** Richtig, weil der Laut vor ss kurz gesprochen wird.
heißt: Richtig, weil vor ß ein Zwielaut (ei) steht.
große: Richtig, weil der Laut vor ß lang gesprochen wird.
isst: Richtig, weil der Laut vor ss kurz gesprochen wird.
S. 24/1: erste Spalte: der Augen, den Augen, die Augen;
zweite Spalte: der Mäuse, den Mäusen, die Mäuse;
dritte Spalte: der Lehrer, den Lehrern, die Lehrer
S. 24/2: der Mäuse, die Mäuse, den Mäusen, die Mäuse
S. 24/3: größte – groß, besser – gut, schönere – schön,
gesessen – sitzen, Sträucher – Strauch, gab – geben,
Museen – Museum, lief – laufen, Hauses – Haus
S. 25/1: 1. Zeile: 1. Bild: etwas verkaufen, etwas herstellen;
2. Bild: gute Computerkenntnisse, viel sitzen;
2. Zeile: 1. Bild: Menschen pflegen, Fieber messen;
2. Bild: mutig sein, Helm tragen
S. 25/2: Frisör, Zahnärztin
S. 25/3: Lösungswort: EBBE

S. 26/1: Zum Beispiel: Im Oktober veranstaltet unsere Klasse eine Wahl.
Unsere Klasse veranstaltet im Oktober eine Wahl …
Marie ist am Ende die neue Klassensprecherin.
Am Ende ist Marie die neue Klassensprecherin …

S. 26/2: Maschine, Rosine, Krokodil, Fibel,
Musik, Kusine, Automobil, Bibel

S. 26/3: Meine Kusine Sabine isst mit mir Mandarinen.

S. 27/1:

Wort	männl.	weibl.	sächl.	best. Artikel	unbest. Artikel
Abend	x			der	ein
Bett			x	das	ein
Computer	x			der	ein
Decke		x		die	eine
Erlebnis			x	das	ein
Fabrik		x		die	eine

S. 27/2: mm, ll, nn; h; ß; ä; ie; V/v; tz

S. 28/1: Einleitung: Einmal; Zu Beginn; Vor einiger Zeit; Zuerst
Handlungsablauf: Mittlerweile; Plötzlich; Dann; Anschließend
Ende: Am Ende; Schließlich; Zuletzt; Zum Schluss

S. 28/2: Wütend; Freudig; Schnell; Neugierig; Vorsichtig; Stolz

S. 28/3: schließlich; vorsichtig; erleichtert; anfangs; gleich

S. 29/1:

		Vergangenheit	Mitvergangenheit	Zukunft
liegen	Ich …	bin gelegen	lag	werde liegen
	Es …	ist gelegen	lag	wird liegen
sitzen	Ich …	bin gesessen	saß	werde sitzen
	Es …	ist gesessen	saß	wird sitzen
essen	Ich …	habe gegessen	aß	werde essen
	Es …	hat gegessen	aß	wird essen
trinken	Ich …	habe getrunken	trank	werde trinken
	Es …	hat getrunken	trank	wird trinken

S. 29/2: su / ckern, me / chen; schi / schen, mi / cken;
hor / cken, spu / chen; drü / schen, wa / cken

S. 29/3: suchen, meckern; schicken, mischen;
horchen, spucken; drücken, waschen

S. 30/1: Das Publikum spendet dem Popstar begeisterten Applaus.
Viele Fans werfen ihm Blumen zu.
Die ganze Band gratuliert ihrem Mitglied.

S. 30/2: Das Publikum spendet mir begeisterten Applaus.
Viele Fans werfen mir Blumen zu.
Die ganze Band gratuliert mir.

S. 30/3: Paar, paar, paar, paar, Paar, Paar, paar

S. 30/4: Boot hat kein Reimwort.

S. 35/1: 1. Zeile: Teleskop, Fans, Interview;
2. Zeile: Lexikon, Katastrophe, Team

S. 35/2: Team; Fans; Teleskop; Lexikon; Interview

S. 35/3: Lösungswort: MATCH

S. 37/1:

zwei Wörter	Wortarten	zusammengesetztes Wort	Wortart
kühlen + Schrank	ZW + NW	der Kühlschrank	NW
kochen + Buch	ZW + NW	das Kochbuch	NW
backen + Blech	ZW + NW	das Backblech	NW
Schnee + weiß	NW + EW	schneeweiß	EW
Tag + hell	NW + EW	taghell	EW
schlecht + Wetter	EW + NW	das Schlechtwetter	NW
bunt + Stift	EW + NW	der Buntstift	NW

S. 37/2 und S. 37/3:
schü**tz**en – der Schu**tz**; kü**ss**en – der Ku**ss**;
kä**mpf**en – der Ka**mpf**; schlu**ck**en – der Schlu**ck**;
spi**el**en – das Spi**el**; s**ä**gen – die S**ä**ge

S. 38/1: Herr Denk sucht sein Auto.
Wo hat er das Fahrzeug bloß geparkt?
Er kann den Wagen einfach nicht finden.
Seine Frau hat seinen PKW in die Werkstatt gebracht!

S. 38/2: Herr Denk sucht mich.
Wo hat er mich bloß geparkt?
Er kann mich einfach nicht finden.
Seine Frau hat mich in die Werkstatt gebracht!

S. 38/3: „Spuck das sofort aus!", brüllt Mama meinen kleinen Bruder an.
„Was ist los?", fragt Papa erschrocken.
„Er lutscht eine Glasmurmel", erzählt Mama atemlos vor Schreck.
„Nicht schlucken!", schreit nun auch Papa.
„Daudummi, Daudummi!", weint der Kleine laut und spuckt die Kugel aus.
„Für Kaugummi bist du noch zu klein", erklären Mama und Papa.

S. 39/1: 2 amüsant, 5 romantisch, 1 aggressiv, 3 energisch,
4 unkonzentriert, 6 exakt

S. 39/2: amüsant; exakt; unkonzentriert; romantisch; energisch; aggressiv

S. 39/3: nervös – aufgeregt, interessant – wissenswert,
praktisch – nützlich, sensibel – empfindsam,
aggressiv – streitsüchtig, exakt – genau

S. 40/1: die Rettung, die Erkältung, die Belohnung;
die Erlaubnis, das Erlebnis, das Begräbnis;
die Krankheit, die Gesundheit, die Dunkelheit;
die Höflichkeit, die Einsamkeit, die Pünktlichkeit

S. 40/2: Gestern fiel viel Regen.
Beim Aufsatzschreiben überlegte Marie viel.
Sie dachte viel an die Papierschiffchen, die sie schwimmen lassen wollte.
Ihr fiel einfach nichts zu schreiben ein.
Aus der Dachrinne am Haus gegenüber der Schule schoss viel Regenwasser.
Ein Mann wollte das Dach reparieren und fiel beinahe in die Tiefe.
Vor Schreck fiel Marie der Stift aus der Hand.
Jetzt fiel Marie wirklich viel ein!

S. 41/1:

	E 3	E 4
Täglich gönnt Frau Schatz ihrem/ihren Hund einen langen Spaziergang.	x	
Natürlich führt sie ihm/ihn an der Leine.		x
Im Park trifft sie meist einem/einen älteren Herrn.		x
Er schenkt ihrem/ihren Hund jedes Mal Hundekuchen – in Herzform!	x	
Eines Tages bringt er nicht nur dem/den Hund etwas mit.	x	
Einem/einen Lebkuchenherz kann Frau Schatz nicht widerstehen!	x	

S. 41/2:

	a ▶ ä	au ▶ äu
Das **Haus** ist früher fertig als die anderen **Häuser**.		x
Ich **schlafe**, während meine Katze auf meinen Füßen **schläft**.	x	
Der **Baum** überragt alle kleineren **Bäume**.		x
Wir **fahren** los, sobald der erste Bus **fährt**.	x	

S. 41/3: Haus – Häuschen; Kamm- Kämmchen;
Raum – Räumchen; Band - Bändchen

S. 42/1: ihn anrufen, ihm etwas schenken, ihn zerreißen,
ihn füttern, ihn fragen, ihm antworten

S. 42/2: Der Hahn weckt den Urlauber um 5 Uhr Früh.
Das schöne Wetter gefällt der ganzen Familie.
Die Familie ersucht den Vermieter um eine Wanderkarte.
Vom Berggipfel schicken wir meiner Oma ein Foto.
Ein Gewitter überrascht den Wanderer knapp vor dem Ziel.

S. 42/3: ihn; ihn; ihn; ihm; ihm; ihm; ihn

S. 43/1: Er *ist* müde.
Deshalb **schläft** er lang. (Gegenwart)
Er *ist* müde *gewesen*.
Deshalb **hat** er lang **geschlafen**. (Vergangenheit)
Er *wird* müde *sein*.
Deshalb **wird** er lang **schlafen**. (Zukunft)
Er *war* müde.
Deshalb **schlief** er lang. (Mitvergangenheit)

S. 43/2: Patient: „Frau Doktor, beim Gehen kriege ich kaum Luft.
Vom Laufen bekomme ich einen roten Kopf.
Zum Ausruhen rauche ich dann eine Zigarette."

S. 43/3: Vom Essen; Vom Rauchen; Beim Wandern; Zum Tanzen

S. 44/1: Eine Hummel brummt vor dem Stechen lautstark.
Eine Hummel brummt vor dem Stechen. Eine Hummel brummt.

S. 44/2: Subjekt und Prädikat.

S. 44/3:

Wort in Blockschrift	NW+EW	NW+NW	ZW+NW	Wort in Schreibschrift
WASCHBÄREN			x	Waschbären
BÄRENSTARK	x			bärenstark
BÄRENHUNGER		x		Bärenhunger
BUTTERWEICH	x			butterweich
BUTTERMILCH		x		Buttermilch
KINDERBUCH		x		Kinderbuch
KINDERLEICHT	x			kinderleicht

S. 45/1: pressen, trinken; holen, einfüllen

S. 45/2: Gehen wir ins Kino? Darf ich Popcorn haben?
Hast du einen Bleistift? Bist du im Bad?

S. 45/3: Servus; sehr; großartig; ausruhen; erledigen

S. 47/1: als, wenn, weil, dass

S. 47/2: Ich weine, wenn ich traurig bin. Ich weine, weil ich traurig bin.

S. 47/3: Prinzessin Friederike hatte heute keine Freundin zum Spielen.
Heimlich verließ sie das Schloss und spazierte los.
Im Schlosspark war niemand zu sehen.
Hier wollte die Prinzessin Kirschen pflücken.
Das Klettern bis in die höchsten Äste war ziemlich schwierig.
Plötzlich brach ein Ast und Friederike stürzte in die Tiefe.
Sie blieb mit schmerzenden Knien liegen und schrie.
König Friedrich eilte mit zwei Dienern zur geliebten Tochter.
Er schimpfte sowieso nie und verzieh seinem Kind.

S. 48/1: Die Eltern führten Hänsel und Gretel in den Wald.
Hänsel hatte auf dem Weg Kieselsteine verteilt.
Die Kinder kamen zum Haus der Hexe.
Dort konnten sie ihren Hunger stillen.

S. 48/2: Heidi lebt seit drei Jahren beim Großvater auf der Alm.
Dann muss Heidi von der Alm nach Frankfurt.
Nach ihrer Rückkehr wohnt Heidi mit ihrem Großvater im Dorf.
Sie muss zwei Jahre auf den Besuch von Klara warten.

S. 48/3: ehrgeizig, Aufmerksamkeit, sportlich, Anstrengung, spielerisch, Zufriedenheit, Zeugnis

S. 49/1: 2 ... obwohl ihr nichts wehtut;
4 ... bis ihre Mutter sie tröstet;
1 ... weil ihr Fahrrad kaputt ist; 3 ... aber niemand bleibt stehen.

S. 49/2: obwohl; weil; damit; bis; wenn; als

S. 49/3: Elena hofft, dass sie in Spanien ihre Freundin treffen wird.
Leo befürchtet, dass er für die Übung lange brauchen wird.
Die Bäuerin erklärt uns, dass die Kühe im Sommer auf der Alm sind.
Der Bademeister ruft den Kindern zu, dass sie nicht springen dürfen.

S. 50/1: kaputt Sonne satt treffen schlimm Bett donnern spannend Kartoffel schleppen Zimmer gefallen

S. 50/2: Namenwörter: die Sonne, das Bett, die Kartoffel, das Zimmer;
Zeitwörter: treffen, donnern, schleppen, gefallen;
Eigenschaftswörter: kaputt, satt, schlimm, spannend

S. 50/3: *Der Staubsauger saugt laut.*

S. 50/4: Waagrecht: Schwimmbad, Zimmer, Geschirr, Sonne, Quelle, Kartoffel, Pullover; Senkrecht: Löffel, Hütte, Roller, Brunnen, Mittag

S. 51/1: Wegen des kaputten Weckers (BE) verschlief unsere ganze Familie. Warum?
Nun musste alles ganz schnell (AE) gehen! Wie?
In höchster Eile (AE) schlüpften alle in ihre Kleidung. Wie?
Aus Angst (BE) vor dem Zuspätkommen rannte Leo ohne Frühstück fort. Warum?
Vor lauter Stress (BE) vergaß Mama auf die Katze. Warum?
Miri verkroch sich beleidigt (AE) in Mamas Bett. Wie?

S. 51/2:

5	nass	3	planen	2	Kalender	3	schmutzig
3	Lampe	2	pflegen	4	Kater	2	Schlange
1	Jacke	4	Polizei	1	Kaffee	5	Schulter
4	Manchmal	1	Papier	3	Karte	4	Schnee
2	kaputt	5	putzen	5	kaum	1	schicken

S. 51/3: Du hast super trainiert. Aber diesmal gewinnt Klaras Mannschaft.

S. 52/1: aufgehen, Eingang, Gehsteig, eingehen

S. 52/2: unerträglich: entsetzlich; Ertrag: Einnahme, Gewinn; überflüssig: unnötig; im Überfluss: sehr viel

S. 52/3: 4, 1, 3, 2

S. 53/1:

WER oder WAS ist auf dem Foto? 1. Fall	ich	du	er	sie	es	wir	ihr	sie
WEM gehört es? 3. Fall	mir	dir	ihm	ihr	ihm	uns	euch	ihnen
WEN oder WAS siehst du? 4. Fall	mich	dich	ihn	sie	es	uns	euch	sie

S. 53/2: ent / kom / men; be / ob / ach / ten; zer / sprin / gen; ver / ges / sen; ent / schul / di / gen; be / we / gen

S. 53/3: In meinem Geruf als Polizist höre ich den ganzen Tag Beräusche.
Im Vorkehr fahren die Menschen mit zu wenig Versicht.
Die Autos machen Bestank und viele folgen meinen Gefehlen nicht sofort.
Nicht einmal in einem Beschäft haben die Leute gutes Genehmen!

S. 53/4: Beruf, Geräusche, Verkehr, Vorsicht, Gestank, Befehlen, Geschäft, Benehmen

S. 54/1: Wem? Warum? Wo? Wie? Wann? Wen oder Was?

S. 54/2: von oben nach unten: richtig, falsch, richtig, falsch, falsch, richtig

S. 55/1: 1. Zeile: 5, 2; 2. Zeile: 3, 6; 3. Zeile: 1, 4

S. 55/2: jemandem die Daumen halten; jemanden auf den Arm nehmen; jemanden Honig ums Maul schmieren; ich stehe auf der Leitung; mir ist der Knopf aufgegangen; sich etwas hinter die Ohren schreiben

S. 55/3: Ohne Fleiß kein Preis: Um sein Ziel zu erreichen, muss man sich anstrengen.
Lügen haben kurze Beine: Mit Lügen erreicht man nichts.
Wer A sagt, muss auch B sagen: Was man beginnt, soll man auch zu Ende bringen.
Viele Köche verderben den Brei: Wenn alle mitreden wollen, bringen sie gar nichts zustande.

S. 58: Lösungswort: Wohin REIST ihr heuer?

S. 60:
1) die Träume, die Fabrik
2) das Kaufhaus, der Hauskauf
3) dem Kind
4) den Hund
5) Oma schnarcht so laut, dass sie sich selbst aufweckt.
6) zaubern
7) sie lachen
8) wir werden singen
9) er schlief
10) ich habe geturnt

S. 61:
11) Der Wanderfalke kann im Sturzflug bis zu 322 km/h schnell fliegen.
12) kleiner
13) Kuno aß Knödel.
14) Kuno hat Knödel gegessen.
15) ich gehe, du gehst
16) am besten
17) Der große Hund schaute dem kleinen Hund zu.
18) Ein großer Hund schaute einem kleinen Hund zu.
19) Opa las noch im Bett, drehte das Licht ab und schlief sofort ein.

S. 62:
1) Vokale
2) schlief
3) bekommt
4) Koffer, voll
5) EIFRIG
6) gut
7) gehen
8) Riesenschlangen finde ich besonders interessant.
9) Der Ochsenfrosch springt zwei Meter weit.

S. 63:
10) Onkel
11) Mein Hund soll auch einmal einen Brief bekommen.
12) Ich schicke meinem Hund ein Kuvert mit Hundekeksen darin.
13) Diese Idee finde ich witzig.
14) Die Köchin servierte zum Abschluss einen Apfelstrudel.
15) Die nächste totale Sonnenfinsternis wird in Österreich erst im Jahr 2081 zu sehen sein.
16) des Politikers
17) mehr

S. S. 64: Lösungswort: TAUCHERBRILLE

Fremdwörter im Alltag 1

Nütze das Wörterbuch!

1 Schreibe zu jedem Bild das passende Namenwort mit Artikel!

Katastrophe   Fans   Interview   Team   Lexikon   Teleskop

2 Trage in jedem Satz das passende Fremdwort von Übung 1 ein!

Julias ______ **(Mannschaft)** hat das Turnier gewonnen.

Ihre ______ **(Anhänger)** haben gejubelt.

Wir beobachten weit entfernte Sterne durch ein ______ **(Fernrohr)**.

Alex sucht im ______ **(Nachschlagewerk)** die Namen der Planeten.

Die Reporterin führt ein ______ **(Gespräch)** mit dem Politiker.

3 Kreuze in jeder Zeile den richtigen Antwortbuchstaben an!
Die Buchstaben ergeben das Lösungswort.

Gegenteil von Ruhe	M	Stress	T	Appetit
Bücherei	E	Biologie	A	Bibliothek
Fachmann	S	Lieferant	T	Experte
Spritze	C	Injektion	U	Infinitiv
Unterschrift	H	Autogramm	N	Applaus

Lösungswort: __ __ __ __ __

Kannst du die Scherzfragen beantworten?

Was muss man tun, bevor man aus dem Bus aussteigen kann? ____________

Welches Tier versteckt sich im Kaffee? ____________

Kannst du in zwei Sekunden zehn Bauernhoftiere nennen? ____________

Was ist beim Kamel klein und bei der Mücke groß? ____________

Lösung: einsteigen, Affe, 10 Kühe, m

Um welche Tiere kann es sich handeln?

1 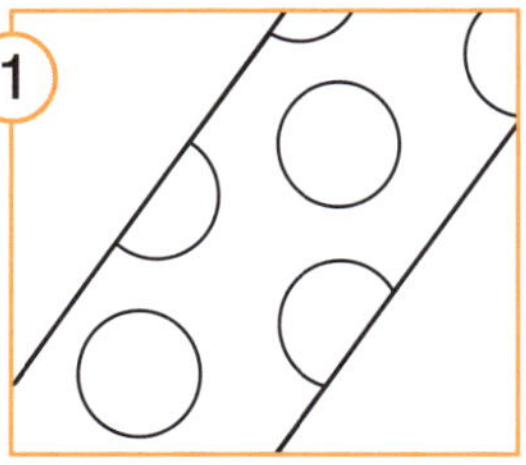

2 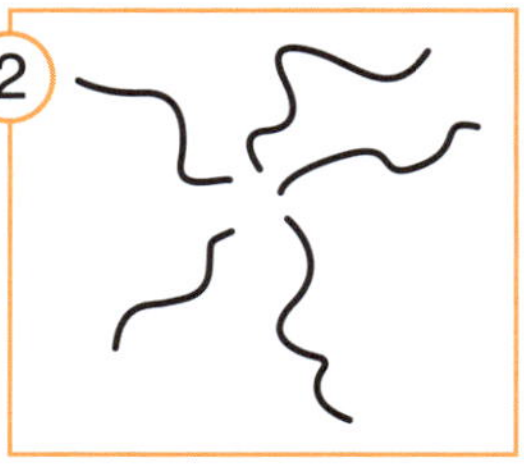

1 ____________

2 ____________

Lösung: 1 Giraffe vor Fenster, 2 Regenwürmer beim Plaudern

Wie gut kannst du Sudokus lösen? Kannst du das MONDFISCH-Sudoku lösen?

I	S	H		C	F	M		N
	D	O	N	I		F	C	S
N	C		S	O	M	D	H	
	I	M	F		O	C		H
S	F	C	M	H	N		I	D
H	O		C	D		S	M	F
	M	S	H	N	C	I	D	O
O	N	D			S	H	F	
C		I	O	F	D	N		M

Zusammengesetzte Wörter

Das zweite Wort bestimmt die Wortart des neuen Wortes.

1 Fülle die Tabelle aus!
ZW bedeutet Zeitwort, NW Namenwort und EW Eigenschaftswort.

zwei Wörter	Wortarten	zusammengesetztes Wort	Wortart
kühlen + Schrank	ZW + NW	der Kühlschrank	NW
kochen + Buch			
backen + Blech			
Schnee + weiß			
Tag + hell			
schlecht + Wetter			
bunt + Stift			

Verwandte Wörter

Verwandte Wörter haben eine ähnliche Schreibweise.

2 Schreibe jedes Zeitwort mit seinem verwandten Namenwort auf!

schützen	küssen	kämpfen	schlucken	spielen	sägen
der Kuss	der Schluck	die Säge	das Spiel	der Kampf	der Schutz

3 In jedem Wort von Übung 2 ist eine „Rechtschreib-Schwierigkeit" versteckt.
Markiere immer die Buchstaben, die du beachten musst!

Ergänzung im 4. Fall (Akkusativobjekt)

Wen?/Was?

1 Unterstreiche in jedem Satz die Ergänzung im 4. Fall!
Schreibe E4 darüber!

Herr Denk sucht sein Auto.

Wo hat er das Fahrzeug bloß geparkt?

Er kann den Wagen einfach nicht finden.

Seine Frau hat seinen PKW in die Werkstatt gebracht!

2 Lass das Auto sprechen! Ersetze dafür immer E4 durch „mich"!

Wörtliche Rede mit Begleitsatz

3 Füge alle fehlenden Satz- und Redezeichen ein!

Spuck das sofort aus brüllt Mama meinen kleinen Bruder an

Was ist los fragt Papa erschrocken

Er lutscht eine Glasmurmel erzählt Mama atemlos vor Schreck

Nicht schlucken schreit nun auch Papa

Daudummi, Daudummi weint der Kleine laut und spuckt die Kugel aus

Für Kaugummi bist du noch zu klein erklären Mama und Papa

Fremdwörter im Alltag 2

1 Zu jedem Bild passt ein Eigenschaftswort aus dem Rahmen. Trage die Nummern ein!

① 

② 

③ 

④ 

⑤ 

⑥ 

◯ amüsant ◯ romantisch ◯ aggressiv ◯ energisch ◯ unkonzentriert ◯ exakt

2 Setze in jedem Satz ein Wort von Übung 1 ein!

Bei dieser Geschichte haben wir oft gelacht. Sie war ______________________.

Die Seiten des Rechtecks musst du ______________________ abmessen.

Elias passt nicht auf. Er ist ______________________.

Der Prinz küsst Dornröschen wach. Ist das nicht ______________________?

„Lass uns endlich die Aufgabe erledigen!", meint Anna ______________________.

Die Katze kratzt und beißt jeden Gast. Sie ist ______________________.

3 Immer zwei Wörter haben die gleiche Bedeutung. Verbinde!

nervös ◯	◯ streitsüchtig
interessant ◯	◯ aufgeregt
praktisch ◯	◯ genau
sensibel ◯	◯ wissenswert
aggressiv ◯	◯ nützlich
exakt ◯	◯ empfindsam

Namenwörter (Nomen) mit Nachsilben

Aus Zeitwörtern können Namenwörter werden.

1 Bilde Namenwörter!

-ung

die ____________________

die ____________________

die ____________________

retten | erkälten | belohnen

-nis

die ____________________

das ____________________

das ____________________

erlauben | erleben | begraben

-heit

die ____________________

die ____________________

die ____________________

krank | gesund | dunkel

-keit

die ____________________

die ____________________

die ____________________

höflich | einsam | pünktlich

„viel" oder „fiel"?

„fiel" kommt von „fallen".

2 Setze immer das passende Wort ein!

Gestern __________ __________ Regen.

Beim Aufsatzschreiben überlegte Marie __________ .

Sie dachte __________ an die Papierschiffchen, die sie schwimmen lassen wollte.

Ihr __________ einfach nichts zu schreiben ein.

Aus der Dachrinne am Haus gegenüber der Schule schoss __________ Regenwasser.

Ein Mann wollte das Dach reparieren und __________ beinahe in die Tiefe.

Vor Schreck __________ Marie der Stift aus der Hand.

Jetzt __________ Marie wirklich __________ ein!

viel viel viel viel viel fiel fiel fiel fiel fiel

Ergänzung im 3. oder 4. Fall (Dativobjekt oder Akkusativobjekt)

1 Streiche immer das falsche Wort durch! Kreise das richtige ein!
Kreuze dann E3 oder E4 an!

	E 3	E 4
Täglich gönnt Frau Schatz *ihrem/ihren* Hund einen langen Spaziergang.		
Natürlich führt sie *ihm/ihn* an der Leine.		
Im Park trifft sie meist *einem/einen* älteren Herrn.		
Er schenkt *ihrem/ihren* Hund jedes Mal Hundekuchen – in Herzform!		
Eines Tages bringt er nicht nur *dem/den* Hund etwas mit.		
Einem/einen Lebkuchenherz kann Frau Schatz nicht widerstehen!		

Wörter mit ä oder äu

2 Wie verwandeln sich die fett gedruckten Wörter im Satz? Kreuze für jeden Satz an!

	a → ä	au → äu
Das **Haus** ist früher fertig als die anderen **Häuser**.		
Ich **schlafe**, während meine Katze auf meinen Füßen **schläft**.		
Der **Baum** überragt alle kleineren **Bäume**.		
Wir **fahren** los, sobald der erste Bus **fährt**.		

3 Reime mit den ä- oder äu-Wörtern!

Aus der Maus wird das Mäuschen, aus dem Haus das ______________.

Aus dem Lamm wird das Lämmchen, aus dem Kamm das ______________.

Aus dem Baum wird das ______________, aus dem Raum das ______________.

Aus der Hand wird das ______________, aus dem Band das ______________.

Fallergänzungen

1 Welche Ergänzung passt: ihm oder ihn? Ergänze!

____________ anrufen

____________ etwas schenken

____________ zerreißen

____________ füttern

____________ fragen

____________ antworten

2 Immer zwei Satzteile gehören zusammen. Verbinde sie!

Der Hahn weckt ◯	◯ der ganzen Familie.
Das schöne Wetter gefällt ◯	◯ den Urlauber um 5 Uhr Früh.
Die Familie ersucht ◯	◯ den Rucksack gepackt?
Hast du ◯	◯ den Vermieter um eine Wanderkarte.
Vom Berggipfel schicken wir ◯	◯ den Wanderer knapp vor dem Ziel.
Ein Gewitter überraschte ◯	◯ meiner Oma ein Foto.

3 Setze immer ihm oder ihn ein!

Julian ist auch gekommen. Hast du ____________ schon gesehen?

Sein Hund ist noch ganz jung. Julian hat ____________ mitgebracht.

Der kleine Hund hat Angst. Lass ____________ in Ruhe und

lauf ____________ nicht dauernd nach!

Mein Bruder hat Geburtstag.

Wir schenken ____________ ein Fahrrad.

Es gefällt ____________ sehr gut.

Aber meine Eltern lassen ____________ damit nicht auf der Straße fahren.

Zeitformen 2

Gegenwart: Präsens; Mitvergangenheit: Präteritum; Vergangenheit: Perfekt; Zukunft: Futur.

1 Ergänze jeden Satz mit „schlafen" in der Zeitform des voranstehenden Satzes!
Schreibe dann die Zeitform in die Klammern!

Er *ist* müde.
Deshalb __________ er lang. (____________________)

Er *ist* müde *gewesen*.
Deshalb __________ er lang __________. (____________________)

Er *wird* müde *sein*.
Deshalb __________ er lang __________. (____________________)

Er *war* müde.
Deshalb __________ er lang. (____________________)

Zeitwörter (Verben) nach vom, zum, beim

von = von dem,
zum = zu dem,
beim = bei dem

2 Unterstreiche vom, zum, beim und das nachfolgende Wort!

Patient: „Frau Doktor, beim Gehen kriege ich kaum Luft.

Vom Laufen bekomme ich einen roten Kopf.

Zum Ausruhen rauche ich dann eine Zigarette."

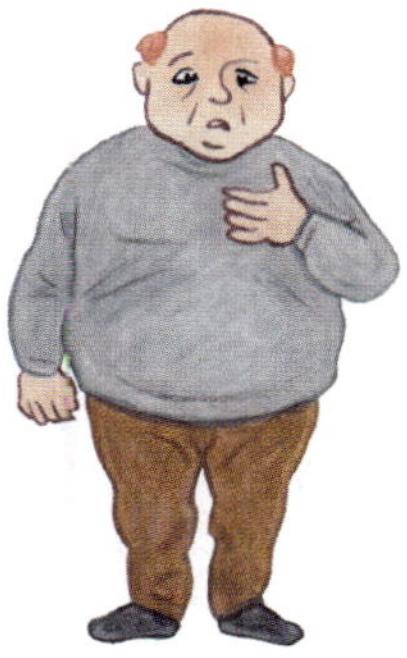

3 Trage die Wörter aus den Klammern in Schreibschrift ein!

Ärztin: „Essen Sie weniger! _____ __________ werden Sie dick. (VOM ESSEN)

Rauchen Sie nicht! _____ __________ werden Sie krank. (VOM RAUCHEN)

Wandern Sie! _____ __________ verlieren Sie Gewicht. (BEIM WANDERN)

Tanzen Sie! _____ __________ kann ich Sie doch ermuntern?" (ZUM TANZEN)

Satzverkürzung

Im Aussagesatz steht das Zeitwort als zweites Satzglied.

1 Verkürze den Satz immer um das letzte Satzglied!

Eine Hummel	brummt	vor dem Stechen	lautstark	in Richtung der Bedrohung.

2 Wie heißen die Bezeichnungen für die beiden übriggebliebenen Satzglieder?

_______________ _______________

Wortzusammensetzungen

Das letzte Wort bestimmt die Wortart.

3 Unterstreiche immer das zweite Wort! Fülle die Tabelle aus!

Wort in Blockschrift	NW+EW	NW+NW	ZW+NW	Wort in Schreibschrift
WASCHBÄREN				
BÄRENSTARK				
BÄRENHUNGER				
BUTTERWEICH				
BUTTERMILCH				
KINDERBUCH				
KINDERLEICHT				

Unfertige Sätze

1 Wenn im Satz ein Zeitwort fehlt, ist der Sinn nicht klar.
Schreibe zu jedem Bild den vollständigen Satz!

→ ______________________________

______________________________ ←

Kann ich Saft …?

→ ______________________________

______________________________ ←

trinken holen einfüllen pressen

2 Da fehlt doch was! Wie muss es richtig heißen? Schreibe die Sätze vollständig auf!

Gehen wir Kino? ______________________________

Darf ich Popcorn? ______________________________

Hast du Bleistift? ______________________________

Bist du Bad? ______________________________

haben im einen ins

3 Finde für jedes orange gedruckte Wort ein gleichbedeutendes!

Tschüss! _ _ _ _ _ _ !

voll lustig _ _ _ _

echt fett _ _ _ _ _ _ _ _ _

chillen _ _ _ _ _ _ _ _

etwas checken _ _ _ _ _ _ _ _ _

ausruhen großartig sehr Servus erledigen

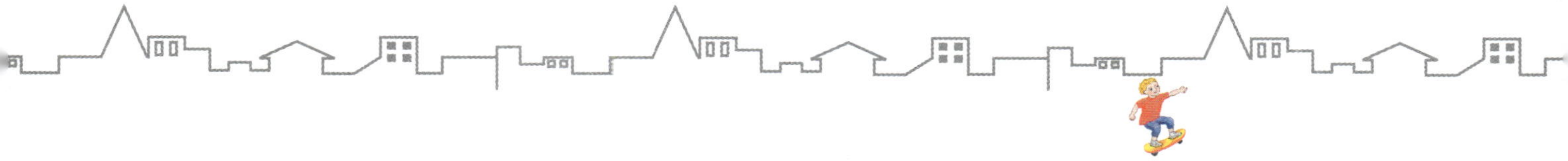

Kannst du die Scherzfragen beantworten?

Welcher Hase hat nur zwei Beine?

Der A ___ g ___ t ___ ___ ___ ___

Welchen Fall kann kein Kommissar lösen?

Den W ___ ___ ___ ___ ___ f ___ ___ l

Wer hat einen Kamm und keine Haare?

H ___ ___ ___

Lösung: Angsthase, Wasserfall, Hahn

Findest du die fünf Fehler?

Welche Wörter sind hier verpackt?

ung ung ung ung ung ung ung ung

___ ___ ___ ___ u n g

tel tel tel tel

___ ___ ___ ___ t e l

Lösung: Achtung, viertel

Satzverbindungen

1 Setze immer das passende Bindewort ein!

Ich war sofort aufgeregt, _____ mir die Klavierlehrerin vom geplanten Konzert erzählte.

Ich bin immer dann aufgeregt, _____ ich irgendwo alleine vorspielen soll.

Ich bin deshalb aufgeregt, _____ ich möglichst keinen Fehler machen will.

Ich bin so stark aufgeregt, _____ sogar meine Fingerspitzen zittern.

dass   wenn   als   weil

2 Hier passen zwei verschiedene Bindewörter von Übung 1.

Ich weine, _____ ich traurig bin.

Ich weine, _____ ich traurig bin.

Wörter mit ie

3 Unterstreiche 25 Wörter mit ie!

Prinzessin Friederike hatte heute keine Freundin zum Spielen.

Heimlich verließ sie das Schloss und spazierte los.

Im Schlosspark war niemand zu sehen.

Hier wollte die Prinzessin Kirschen pflücken.

Das Klettern bis in die höchsten Äste war ziemlich schwierig.

Plötzlich brach ein Ast und Friederike stürzte in die Tiefe.

Sie blieb mit schmerzenden Knien liegen und schrie.

König Friedrich eilte mit zwei Dienern zur geliebten Tochter.

Er schimpfte sowieso nie und verzieh seinem Kind.

Ortsergänzung und Zeitergänzung

1 Unterstreiche in jedem Satz die Ortsergänzung (OE)!

Die Eltern führten Hänsel und Gretel in den Wald.

Hänsel hatte auf dem Weg Kieselsteine verteilt.

Die Kinder kamen zum Haus der Hexe.

Dort konnten sie ihren Hunger stillen.

2 Unterstreiche in jedem Satz die Zeitergänzung (ZE)!

Heidi lebt seit drei Jahren beim Großvater auf der Alm.

Dann muss Heidi von der Alm nach Frankfurt.

Nach ihrer Rückkehr wohnt Heidi mit ihrem Großvater im Dorf.

Sie muss zwei Jahre auf den Besuch von Klara warten.

Wörter mit Nachsilben

3 Schreibe die Wörter in Klammern in Schreibschrift!

Juliane ist sehr (EHRGEIZIG) ______________________.

Sie lernt mit hoher (AUFMERKSAMKEIT) ______________________.

Im Turnsaal ist sie sehr (SPORTLICH) ______________________.

Das Turnen kostet sie wenig (ANSTRENGUNG) ______________________.

Sie meistert alles (SPIELERISCH) ______________________

und zur vollen (ZUFRIEDENHEIT) ______________________.

Sicher bekommt sie ein gutes (ZEUGNIS) ______________________.

Bindewörter

1 Zu jedem Bild passt ein Satzteil aus dem Rahmen. Trage die Nummern ein!

Lisa weint, ...

1  2  3  4 

◯ ... obwohl ihr nichts wehtut.
◯ ... weil ihr Fahrrad kaputt ist.
◯ ... bis ihre Mutter sie tröstet.
◯ ... aber niemand bleibt stehen.

2 In jedem Satz passt nur ein Bindewort. Kreise es ein! Streiche das falsche Wort durch!

Lukas möchte ein neues Handy, obwohl / weil sein altes in Ordnung ist.
Anna zieht die Weste an, damit / weil es kühl geworden ist.
Mia beeilt sich, wenn / damit sie den Bus nicht versäumt.
Simon bleibt im Freibad, weil / bis es geschlossen wird.
Leo darf in den Park gehen, wenn / damit er mit der Übung fertig ist.
Nisa spielte gerade im Garten, weil / als das Gewitter kam.

3 Bilde sinnvolle Sätze!

dass die Kühe im Sommer auf der Alm sind.
dass er für die Übung lange brauchen wird.
dass sie nicht springen dürfen.
dass sie in Spanien ihre Freundin treffen wird.

Elena hofft, ______________________.

Leo befürchtet, ______________________.

Die Bäuerin erklärt uns, ______________________.

Der Bademeister ruft den Kindern zu, ______________________.

Wortarten

Beachte die Groß- und Kleinschreibung!

1 Kennzeichne Namenwörter blau, Zeitwörter rot, Eigenschaftswörter grün!

kaputt Sonne satt treffen schlimm Bett donnern spannend
Kartoffel schleppen Zimmer gefallen

2 Trage die Wörter von Übung 1 ein! Ergänze bei den Namenwörtern die Artikel!

Namenwörter: ______________________________

Zeitwörter: ______________________________

Eigenschaftswörter: ______________________________

3 Schreibe den Satz in Schreibschrift!

DER STAUBSAUGER SAUGT LAUT. ______________________________

Doppelmitlaute (Doppelkonsonanten)

Der Laut vor dem Doppelmitlaut wird kurz gesprochen.

4 Finde 12 Wörter mit Doppelmitlaut!
Schreibe sie in Schreibschrift auf!

S	C	H	W	I	M	M	B	A	D	B	R
A	B	Ü	C	D	Z	I	M	M	E	R	F
G	L	T	H	I	J	K	L	N	O	U	P
Q	Ö	T	R	S	T	U	V	W	X	N	Z
Y	F	E	Z	A	B	C	D	E	F	N	O
K	F	H	I	J	K	L	M	N	O	E	R
G	E	S	C	H	I	R	R	Z	G	N	M
P	L	Q	R	S	T	S	O	N	N	E	I
U	V	W	X	Q	U	E	L	L	E	Y	T
Z	B	D	E	F	G	H	L	I	J	K	T
K	A	R	T	O	F	F	E	L	M	N	A
P	U	L	L	O	V	E	R	V	W	X	G

Artergänzung und Begründungsergänzung

Artergänzung (AE): Wie?
Begründungs-ergänzung (BE): Warum?

1 Schreibe über die unterstrichenen Teile AE oder BE!
Trage das passende Fragewort daneben ein!

Wegen des kaputten Weckers verschlief unsere ganze Familie. ______

Nun musste alles ganz schnell gehen! ______

In höchster Eile schlüpften alle in ihre Kleidung. ______

Aus Angst vor dem Zuspätkommen rannte Leo ohne Frühstück fort. ______

Vor lauter Stress vergaß Mama auf die Katze. ______

Miri verkroch sich beleidigt in Mamas Bett. ______

Wie? Warum? Wie? Warum? Wie? Warum?

Alphabetische Ordnung 3

2 Nummeriere die Wörter in jeder Tabelle alphabetisch!

	nass
	Lampe
	Jacke
	manchmal
	kaputt

	planen
	pflegen
	Polizei
	Papier
	putzen

	Kalender
	Kater
	Kaffee
	Karte
	kaum

	schmutzig
	Schlange
	Schulter
	Schnee
	schicken

3 Ordne die Wörter jeder Zeile alphabetisch! Schreibe die Sätze auf!

hast	super	Du	trainiert

______

Mannschaft	diesmal	gewinnt	Klaras	Aber

______

Wortfamilien

1 Schreibe zu jedem Bild das passende Wort!

eingehen Eingang Gehsteig aufgehen

2 Was bedeuten die Wörter? Kreuze immer eine Erklärung an!

unerträglich:
- ☐ entsetzlich
- ☐ zu schwer zum Tragen

überflüssig:
- ☐ besonders nass
- ☐ unnötig

Ertrag:
- ☐ Vereinbarung
- ☐ Einnahme, Gewinn

im Überfluss:
- ☐ sehr breiter Fluss
- ☐ sehr viel

3 Diese Wörter haben zwei verschiedene Bedeutungen. Ordne die Nummern zu!

1 ablaufen 2 auftragen 3 Läufer 4 aufgehen

- ☐ die Sonne am Morgen / eine Tür
- ☐ eine Handlung / Wasser
- ☐ ein sportlicher Mann / ein langer, schmaler Teppich
- ☐ jemandem etwas befehlen / Farbe verteilen

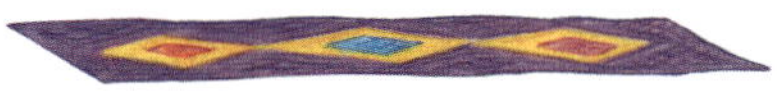

Persönliche Fürwörter (Personalpronomen) in den vier Fällen

1 Fülle aus! Lies immer zuerst die Frage, dann geht es ganz einfach!

WER oder WAS ist auf dem Foto? (1. Fall)	ich	du	er	sie	es	wir	ihr	sie
WEM gehört es? (3. Fall)								
WEN oder WAS siehst du? (4. Fall)								

Worttrennung nach Vorsilben

2 Trenne jedes Wort durch Striche! Du kannst im Wörterbuch nachschauen.

entkommen beobachten zerspringen vergessen entschuldigen bewegen

3 In jedem Satz sind bei zwei Wörtern die Vorsilben vertauscht. Unterstreiche diese Wörter!

In meinem Geruf als Polizist höre ich den ganzen Tag Beräusche.
Im Vorkehr fahren die Menschen mit zu wenig Versicht.
Die Autos machen Bestank und viele folgen meinen Gefehlen nicht sofort.
Nicht einmal in einem Beschäft haben die Leute gutes Genehmen!

4 Schreibe die unterstrichenen Wörter von Übung 3 mit den richtigen Vorsilben auf!

Ergänzungen (Objekte)

1 Frage nach jedem unterstrichenen Satzteil mit dem passenden Fragewort!

Der Montag bringt <u>uns</u> dichte Wolken. ....

<u>Wegen dieser Wolken</u> gibt es im Bergland kurze Regenschauer. ....

Länger sonnig ist es <u>in den flacheren Gebieten</u>. ....

Vor allem im Donauraum bläst der Nordwind <u>lebhaft</u>. ....

<u>In der kommenden Nacht</u> erwarten wir geringe Bewölkung. ....

<u>Die tiefsten Temperaturen</u> finden wir nachts bei 13 Grad. ....

WARUM? WEM? WEN?/WAS? WIE? WO? WANN?

Wörterbuch-Übungen 2

Leitwörter sind das erste und das letzte Wort auf einer Wörterbuchseite.

2 Befindet sich das Wort zwischen den beiden Leitwörtern?
Kontrolliere jede Zeile!
Kreuze an!

Leitwort 1	Wort	Leitwort 2	richtig	falsch
blinken	**Blockflöte**	braun		
Gelse	**Getränk**	Geschäft		
machen	**malen**	Marder		
Schlaf	**Schnee**	schlüpfen		
ich	**Insel**	innen		
klammern	**klopfen**	Knie		

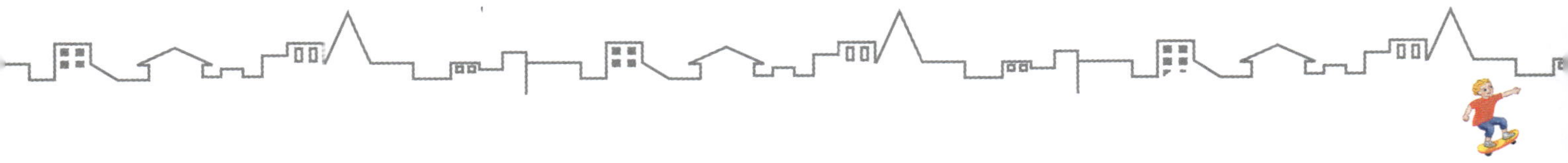

Sprichwörter und Redewendungen

1 Welche Redewendungen sind hier wortwörtlich als Bilder dargestellt? Nummeriere!

1. jemanden auf den Arm nehmen
2. Ich stehe auf der Leitung.
3. jemandem Honig ums Maul schmieren
4. jemandem die Daumen halten
5. sich etwas hinter die Ohren schreiben
6. Mir ist der Knopf aufgegangen.

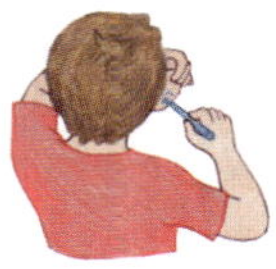

2 Was bedeuten die Redewendungen von Übung 1 wirklich?
Schreibe zu jeder Erklärung den passenden Spruch von Übung 1!

Jemandem Glück wünschen: ______________________________

Jemanden hänseln (sekkieren): ______________________________

Einer Person schmeicheln: ______________________________

Ich verstehe es nicht: ______________________________

Ich habe es endlich verstanden: ______________________________

Sich etwas merken: ______________________________

3 Was bedeuten die Sprichwörter? Verbinde!

Ohne Fleiß kein Preis. ○	○ Wenn alle mitreden wollen, bringen sie gar nichts zustande.
Lügen haben kurze Beine. ○	○ Um sein Ziel zu erreichen, muss man sich anstrengen.
Wer A sagt, muss auch B sagen. ○	○ Mit Lügen erreicht man nichts.
Viele Köche verderben den Brei. ○	○ Was man beginnt, soll man auch zu Ende bringen.

Kannst du die Scherzfragen beantworten?

Welches Gewicht will niemand verlieren?
das G l ___ ___ c h ___ ___ ___ ___ ___ ___ t

Meine Hosentasche ist leer, trotzdem ist etwas darin.
ein ___ ___ c h

Was kannst du nicht mit Worten ausdrücken?
einen S ___ ___ w ___ ___ m

Lösung: Gleichgewicht, Loch, Schwamm

Welche Tiere verstecken sich hier?

1

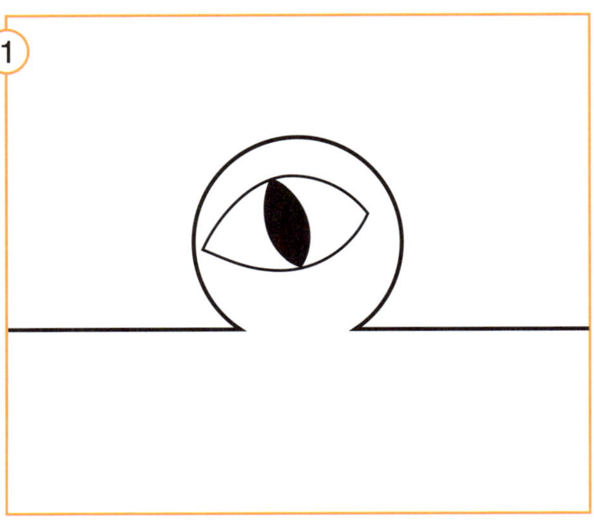

2

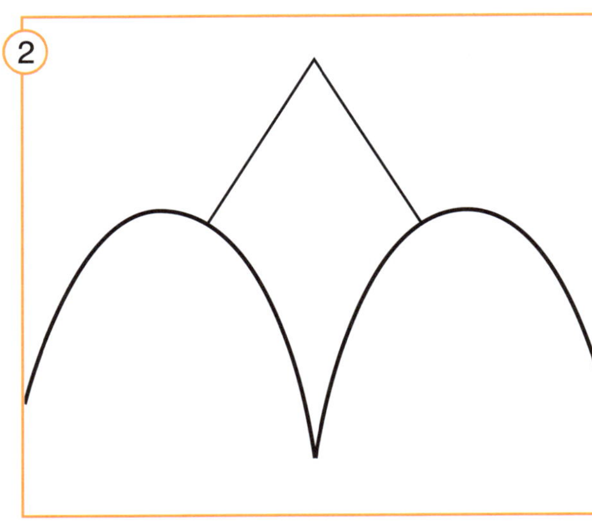

Lösung: (1) Katze vor Mäuseloch, (2) Kamel vor Pyramide

Kannst du gut Zungenbrecher sprechen?

Schnecken essen Kresse nicht,
denn Kresse schmeckt den Schnecken nicht. (Deutsch)

Un pezzo di pizza che puzza nel pozzo del pazzo di pezza. (Italienisch)

Bobby Blue blows big blue bubbles. (Englisch)

Hattulan pappilan apupapin papupata pankolla kiehuu. (Finnisch)

Fachbegriffe – Training

So kannst du üben: Decke einzelne Spalten ab! Findest du weitere Beispiele für die 3. Spalte?

Buchstaben/Laute

● Selbstlaut	**Vokal**	a, e, i, o, u
● Mitlaut	**Konsonant**	b, c, d, f, g, h, j, k, l, m, n, p, q, r, s, t, v, w, x, y, z

Wortarten

● Namenwort	**Nomen**	Tisch, Dame, Glück …
Einzahl	**Singular**	das Haus
Mehrzahl	**Plural**	die Häuser
1. Fall	**Nominativ**	Hier sitzt *der Hund.*
2. Fall	**Genitiv**	Das ist der Platz *des Hundes.*
3. Fall	**Dativ**	Die Decke gehört *dem Hund.*
4. Fall	**Akkusativ**	Ich rufe *den Hund.*

● Begleiter	**Artikel**	der, die, das, ein, eine …

● Fürwort	**Pronomen**	Das gehört *ihm. Sie* ist da.

● Zeitwort	**Verb**	Es *springt.*
Nennform	**Infinitiv**	springen, lesen, essen …
Befehlsform	**Imperativ**	Spring!
Gegenwart	**Präsens**	Sie *fahren.*
Mitvergangenheit	**Präteritum**	Sie *fuhren.*
Vergangenheit	**Perfekt**	Sie *sind gefahren.*
Zukunft	**Futur**	Sie *werden fahren.*

● Eigenschaftswort	**Adjektiv**	neugierig, laut, klein …
Grundstufe	**Positiv**	schön
Mehrstufe	**Komparativ**	schöner
Meiststufe	**Superlativ**	am schönsten

Satzglieder

● Satzgegenstand	**Subjekt**	*Der Vogel* fängt den Wurm.
● Satzaussage	**Prädikat**	Der Vogel *fängt* den Wurm.
● Ergänzung	**Objekt**	Der Vogel fängt *den Wurm.*

Fachbegriffe – Kreuzworträtsel

Löse das Fremdwörter-Rätsel!
Die Buchstaben in den färbigen Feldern ergeben das Lösungswort.

Waagrecht
2. Zukunft
5. Ergänzung
6. Namenwort
7. 2. Fall
9. Zeitwort
12. Vergangenheit
13. Fürwort
14. Begleiter
16. 1. Fall
17. Satzaussage

Senkrecht
1. Satzgegenstand
3. 3. Fall
4. Einzahl
8. Eigenschaftswort
9. Selbstlaut
10. Mitlaut
11. Nennform
15. Mehrzahl

Wohin _ _ _ _ _ ihr heuer?

Fachbegriffe – Gitterrätsel

Suche die Wörter waagrecht und senkrecht!

SINGULAR SUPERLATIV GENITIV VERB SUBJEKT ARTIKEL PLURAL
ADJEKTIV PRÄTERITUM FUTUR POSITIV AKKUSATIV PRÄDIKAT NOMEN
DATIV PERFEKT NOMINATIV OBJEKT INFINITIV KONSONANT

P	L	U	R	A	L	W	D	O	H	C	I	Y	F	Ü	D	Y	U	N
R	E	Q	Z	R	O	G	Y	J	S	I	N	G	U	L	A	R	G	T
Ä	P	R	Ä	T	E	R	I	T	U	M	E	K	T	W	T	I	E	B
D	Z	O	L	I	H	A	J	C	P	Ö	U	V	U	D	I	X	N	P
I	A	Y	B	K	U	K	G	X	E	N	Ä	M	R	K	V	Ü	I	Q
K	S	H	N	E	P	O	C	W	R	I	V	U	P	Q	S	A	T	O
A	L	C	Y	L	V	N	I	U	L	M	Y	B	Ö	X	J	Z	I	B
T	H	M	O	B	L	S	Ü	X	A	K	K	U	S	A	T	I	V	J
J	Z	U	R	Z	P	O	S	I	T	I	V	Q	E	D	G	M	O	E
U	W	C	A	F	Ö	N	Q	M	I	Y	S	U	B	J	E	K	T	K
Ä	N	O	M	I	N	A	T	I	V	N	H	Z	Y	E	F	G	A	T
K	O	C	B	L	Y	N	Ä	W	P	E	R	F	E	K	T	Q	O	P
D	M	A	J	R	P	T	M	O	H	F	Y	D	G	T	A	W	L	R
S	E	Z	O	N	Y	K	I	N	F	I	N	I	T	I	V	Ü	Q	E
T	N	I	M	G	Ä	M	V	A	X	C	P	B	Q	V	E	R	B	J

Fachbegriffe verstehen und anwenden 1

1. Schreibe das erste Wort im *Plural*, das zweite Wort im *Singular* auf!

   der Traum – ______________________

   die Fabriken – ____________________

2. Bilde aus den beiden Wörtern zwei unterschiedliche zusammengesetzte *Nomen*!

   der Kauf – das Haus

   ______________________ ______________________

3. Bilde den *Dativ* von „das Kind"!

   ____

4. Bilde den *Akkusativ* von „der Hund"!

   ____

5. Ergänze den Satz mit einem *Pronomen*!

   Oma schnarcht so laut, dass ________ sich selbst aufweckt.

6. Bilde den *Infinitiv* von „zaubert"!

   ____

7. Bilde das *Präsens* von „sie haben gelacht"!

   ____

8. Bilde das *Futur* von „wir singen"!

   ____

9. Bilde das *Präteritum* von „er schläft"!

   ____

10. Bilde das *Perfekt* von „ich turne"!

   ____

11. Setze das passende *Adjektiv* ein!

Der Wanderfalke kann im Sturzflug bis zu 322 km/h ________ fliegen.

12. Bilde den *Komparativ* von „klein"!

____

13. Übertrage den Satz ins *Präteritum*!

Kuno isst Knödel.

____

14. Übertrage den Satz ins *Perfekt*!

Kuno aß Knödel.

____

15. Ergänze mit *Personalpronomen*!

________ gehe

________ gehst

16. Bilde den *Superlativ* von „gut"!

____

17. Setze nur bestimmte *Artikel* ein!

________ große Hund schaute ________ kleinen Hund zu.

18. Setze nur unbestimmte *Artikel* ein!

________ großer Hund schaut ________ kleinen Hund zu.

19. Setze das zweiteilige *Prädikat* ein!

Opa las noch im Bett, drehte das Licht ab und ________ sofort ________.

Fachbegriffe verstehen und anwenden 2

1. Was fehlt hier: ☐ *Vokale* oder ☐ *Konsonanten?*
   D*r schn*llst* H*s* *st d*r F*ldh*s*.

2. Welches Verb steht im *Präteritum?*
   ☐ schläft ☐ wird schlafen ☐ schlief

3. Zu welchem *Prädikat* muss auf jeden Fall ein *Objekt* ergänzt werden?
   ☐ bekommt ☐ schläft ☐ weint

4. Finde die beiden Wörter mit *Doppelkonsonanten!*
   ☐ Saal ☐ Moos ☐ Beeren ☐ Koffer ☐ Haare
   ☐ See ☐ Zoo ☐ voll ☐ leer ☐ paar

5. Wo steht hier ein *Adjektiv?*
   ☐ DOSE ☐ EIFRIG ☐ GLÄNZEN

6. Bei welchem Adjektiv heißt der *Superlativ* „am besten"?
   ☐ glatt ☐ gut ☐ groß

7. Welches Wort steht hier im *Infinitiv?*
   ☐ gehen ☐ geh

8. Unterstreiche das *Subjekt!*
   Riesenschlangen finde ich besonders interessant.

9. Unterstreiche das *Prädikat!*
   Der Ochsenfrosch springt zwei Meter weit.

10. Welches Wort ist im *Singular* und im *Plural* gleich?
- ▢ Onkel
- ▢ Ohr
- ▢ Orange
- ▢ Ort

11. Unterstreiche das *Akkusativobjekt!*
Mein Hund soll auch einmal einen Brief bekommen.

12. Unterstreiche das *Dativobjekt!*
Ich schicke meinem Hund ein Kuvert mit Hundekeksen darin.

13. Unterstreiche das *Personalpronomen!*
Diese Idee finde ich witzig.

14. Unterstreiche die *Artikel!*
Die Köchin servierte zum Abschluss einen Apfelstrudel.

15. Welcher Satz steht im *Futur?*
- ▢ Ich schaue im Internet nach.
- ▢ Die nächste totale Sonnenfinsternis wird in Österreich erst im Jahr 2081 zu sehen sein.

16. Wo steht das Wort im *Genitiv?*
- ▢ den Politiker
- ▢ des Politikers
- ▢ dem Politiker

17. Wo steht das Wort im *Komparativ?*
- ▢ viel
- ▢ mehr
- ▢ am meisten

Fachbegriffe – Quiz

Kreuze die richtigen Antworten an! Die Buchstaben ergeben das Lösungswort.

A. Eigenschaftswort	S	Adverb
	T	Adjektiv
	N	Advent

B. 4. Fall	E	Akkumulation
	I	Akkordeon
	A	Akkusativ

C. Mehrstufe	B	Komponist
	R	Kompass
	U	Komparativ

D. Namenwort	U	Nominierung
	H	Nominativ
	C	Nomen

E. Fürwort	H	Pronomen
	I	Professor
	K	Protest

F. Mitvergangenheit	G	Präsident
	E	Präteritum
	S	Prädikat

G. Einzahl	F	Singapur
	R	Singular
	I	Sinfonie

H. Satzgegenstand	B	Subjekt
	O	Superlativ
	H	Supplierung

I. Vergangenheit	R	Perfekt
	S	Perfusion
	Z	Perfidie

J. 3. Fall	U	Datei
	I	Dativ
	V	Datum

K. Mehrzahl	A	Plus
	M	Pluto
	L	Plural

L. Nennform	N	Infiltration
	D	Information
	L	Infinitiv

M. 2. Fall	I	Genesis
	E	Genitiv
	R	Genetik

Lösungswort: _ _ _ _ _ _ _ _ _ _ _ _ _